PDCAを回して結果を出す!

LINE公式アカウント

集客・運用マニュアル

P Plan

D Do

C Check

A Action

丹羽 智則

つた書房

はじめまして。株式会社CREA STYLE代表の、丹羽 智則と申します。

私は、2013年に創業して以来、Webマーケティングのコンサルティング事業や、LINE・SNSの運用代行事業など、デジタルマーケティングの第一線で活動してまいりました。

おかげさまで、これまで個人事業主の方から店舗経営者、上場企業まで、幅広い業種・規模のクライアントのマーケティング支援に携わることができました。

そんな私が、LINE公式アカウントの基礎知識から運用のコツまで、あらゆる情報を余すことなく詰め込んだのが本書です。

最近は、LINE公式アカウントを活用したいと考える企業や個人事業主の方が増えてきていますが、いざ始めてみると「何をすればいいのかわからない」「思うような成果が出ない」といった声をよく耳にします。

確かに、LINE公式アカウントは便利なツールではあるものの、正しい知識とノウハウを持たずに運用しても、効果は限定的。むしろ、時間とコストを無駄にしてしまうことにもなりかねません。

そこで本書では、私自身がこれまでの経験から得た、LINE公式アカウントを成功に導くための知識とノウハウを、わかりやすく解説していきます。

初めてLINE公式アカウントを導入する方はもちろん、すでに運用しているものの思うような結果が出ていない方にも、必ずや気付きと学びを得ていただけるはずです。

CONTENTS

 集客するなら
LINE公式アカウントが
最適な理由

CHAPTER-2 押さえておきたいLINE公式アカウントの基礎知識

CHAPTER-3 LINE公式アカウントを開設する

事前にやっておくべき LINE公式アカウントの設定

CHAPTER-4

LINE公式アカウントを
運用するための
目標設定

LINE公式アカウントの
コンテンツ制作と
運用

CHAPTER-7 LINE公式アカウント運用結果の測定と改善

CHAPTER-**8**

他にも押さえておきたい LINE公式アカウントの 機能・活用法

CONTENTS

本書をお読みいただく上での注意点

●本書に記載した会社名、製品名などは各社の商号、商標、または登録商標です。

●本書で紹介しているアプリケーション、サービスの内容、価格表記については、2024年4月22日時点での内容になります。

●これらの情報については、予告なく変更される可能性がありますので、あらかじめご了承ください。

特典のご案内

　本書を手に取っていただいた皆様には、得た知識を一日も早く実践に移し、大きな成果を上げていただきたいと考えています。そこで、本書の内容をさらに深く理解し、すぐに活用できるようにするための特別な特典をご用意しました。

特典1：LINE公式アカウント運用チェックリスト

　LINE公式アカウントの開設から運用、効果測定まで、各フェーズで確認すべきポイントをまとめたチェックリストです。このチェックリストを活用することで、抜け漏れのない効果的な運用が可能となります。

特典2：業種別 活用方法&リッチメニュー参考例

　飲食店、小売店、通販業など、様々な業種におけるLINE公式アカウントの活用方法とリッチメニューの実例をまとめました。様々な事例を参考にすることで、自社のLINE公式アカウントの運用イメージがより具体的になるはずです。

特典3：配信に役立つ! 年間イベントカレンダー

　メッセージ配信の計画を立てる上で欠かせない、年間のイベントスケジュールをカレンダー形式でまとめました。LINE公式アカウントのマーケティングに活用できる様々なイベントが記載されています。

　これらの特典は、私のLINE公式アカウントに登録いただくことで、すぐにお受け取りいただけます。ぜひ、本書を読み進める前に、下記のQRコードから私のアカウントを友だち追加してください。

※QRコードが読み込めない場合は下記メールアドレスまでお問い合わせください
info@creastyle-web.com

　私のLINE公式アカウントでは、運用に関する補足情報や最新ノウハウなどもお届けしますので、ぜひこの機会に登録していただき、本書との相乗効果で、LINE公式アカウントの運用を成功させてください。
　それでは、ページをめくって、LINE公式アカウント実践の第一歩を踏み出しましょう。

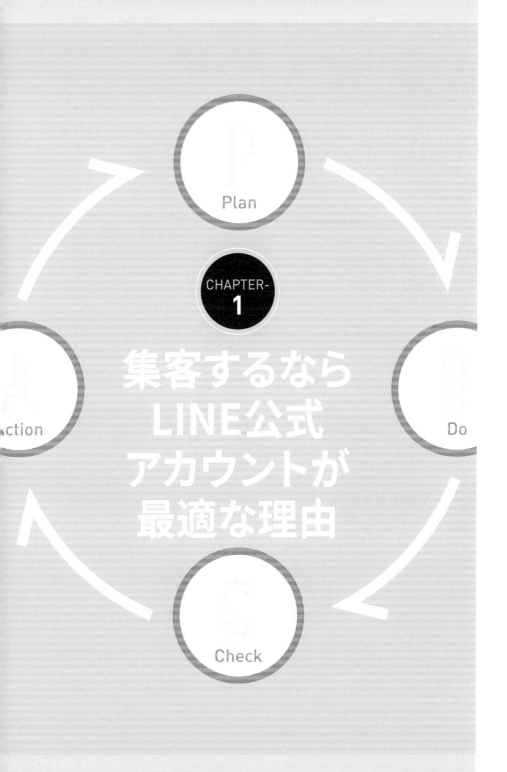

Plan

CHAPTER-
1

集客するなら
LINE公式
アカウントが
最適な理由

Action

Do

Check

1 LINE公式アカウントとは

SECTION 01

LINE公式アカウントとはどのようなツールなのか？　導入するにあたって理解しておきたい基礎知識をお伝えします。

商用利用可能なビジネス版のLINE

LINE公式アカウントとは、コミュニケーションアプリである【LINE】を運営しているLINE社が、一般的に友人や家族とやり取りするために個人で利用するLINEとは別に提供しているサービスです。法人・個人問わず契約できるサービスとなり、もともとは主に店舗向けのツールとしてリリースされていましたが、現在はEC通販事業や個人にも多く利用されています。

LINEとの大きな違いは「商用利用が可能（LINEは規約上、商用利用禁止）」ということで、要するに「ビジネス版のLINE」をイメージすると分かりやすいかもしれません。

LINEというアプリ自体が、スマホユーザーであれば、ほとんどの人が使っているインフラツールです。そのため、他のツールと比較して「リーチできる人数が圧倒的に多い」という点が、LINE公式アカウントをビジネスで活用する際の最大のメリットになります。

なお、LINE公式アカウントの前身として【LINE@】というツールが存在していましたが、2019年に現在のサービスであるLINE公式アカウントに統合されています。

LINE@と比較すると、LINE公式アカウントは無料プランで利用できる機能が豊富で、マーケティングツールとしてさらに導入しやすいサ

ービスとなりました。

到達率の高いプッシュ型のツール

　LINE公式アカウントを開設し、LINEを使っているユーザーと「友だち」になることで、そのユーザーに「メッセージを送る」「コミュニケーションを取る」といったことができるようになります。

　自社の顧客や見込みのお客様に対して一斉に情報を発信するなど、メルマガと同様の活用方法が可能です。こちらが意図するタイミングで情報を発信することができるため、あらゆるビジネスにとって非常に有効なマーケティングツールとして使えます。

顧客とのコミュニケーションに最適

　LINE公式アカウントはメルマガのような「1対多」の配信だけではなく「1対1」のやり取りに向いているツールであることも大きな特徴の一つです。

　LINEと同じように1対1のトークルームでコミュニケーションが取れるため、一人ひとりのユーザーと深い関係性を構築することができます。

ビジネスへの導入に有効な理由

SECTION 02 LINE公式アカウントがビジネスで有効活用できる5つの理由を、データに基づいて解説していきます。

理由1. 圧倒的なアクティブユーザー数

月間アクティブユーザー

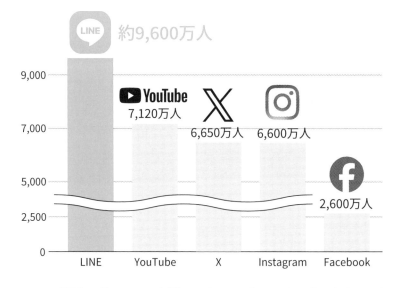

LINEは国内で約9,600万人[1]のアクティブユーザーがいます。これは他のどのSNSと比較しても圧倒的に多い数字となり、実に日本人の成人の70%以上[2]が日常利用しているインフラツールです。

LINEユーザーに対してアプローチできるツールであるため、特にBtoCのビジネスモデルであれば、LINE公式アカウントを正しく活用することで売上や集客数アップにつながる可能性が高いと言えます。

[1] LINE社調べ LINEアプリ 月間アクティブユーザー 2023年12月末時点
[2] LINEの国内月間アクティブユーザー 9,600万人÷日本の総人口1億2475万2000人（2023年1月1日現在［確定値］総務省統計局）
出典：LINE公式アカウント　https://www.lycbiz.com/jp/service/line-official-account/
　　　WE LOVE SOCIAL　https://www.comnico.jp/we-love-social/sns-users

理由2. 全ての年代で利用されている

LINEユーザー層の年代別割合

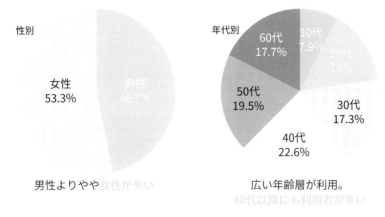

性別

女性
53.3%
男性
46.7%

男性よりやや女性が多い

年代別

60代
17.7%
10代
7.9%
20代
1.5%
30代
17.3%
40代
22.6%
50代
19.5%

広い年齢層が利用。
40代以降にも利用者が多い

出典：LINEキャンパス　https://campus.line.biz/line-ads/courses/user/lessons/oada-1-2-2

　LINEはリリース当初、「主に若年層が利用しているアプリ」という
イメージもありましたが、現在は40代以上のユーザーが全体の半数以
上を占めています。

　また、男女比も偏りがなく性別・年代問わず日本人の大半が利用し
ている状況であることも、あらゆるビジネスで活用できる理由の一つ
です。

理由3. 安心・安定の到達率

　メルマガと比較した場合、到達率に関しては圧倒的にLINE公式アカ
ウントに軍配が上がります。昨今では各メールサービスの迷惑メール
フィルタが強化されたことで、メール自体の到達率が非常に悪くなっ
ている現状があります。その点、LINE公式アカウントはメッセージが
未達になるという問題もほぼないため、安心して情報発信に活用する
ことができます。

理由4. スピーディーな情報伝達力

　メルマガの場合は、ユーザーにメールが届くまでの間にタイムラグが発生します（読者数が多い場合は配信が完了するまでに数時間かかるケースもあります）。

　一方で、LINE公式アカウントは配信したメッセージが瞬時にユーザーに届くため、リアルタイム性の強い情報配信に適したツールだということが言えるでしょう。

理由5. ユーザーからの高い反応率

　LINEは、ユーザーが家族や友人とやり取りをする際に「必ずメッセージやスタンプを返す」といったアクション癖が付いているツールになるため、ビジネスで活用した場合でも、アクションを返してもらいやすいというメリットがあります。

　実際に、その他のWEB媒体と比較しても「開封率」「クリック率」「返信率」が圧倒的に高いデータが出ていますので、適切な配信を行うことで高い反応率が見込めるツールであることは間違いありません。

ビジネスに取り入れるべき背景

SECTION 03　なぜ、ここ数年でLINE公式アカウントをビジネスで活用する企業や店舗が急増しているのでしょうか。ここでは、いくつかの観点から、その背景を考えてみましょう。

マーケティングの観点

近年の顧客ニーズの多様化により、ユーザー個々に適したマーケティング施策が求められる中、従来のマスマーケティングでは費用対効果が悪くなっています。

また、従来は顧客の購入導線も「認知→媒体→購入・来店」というシンプルな流れだったものが、近年では、「認知→媒体→リスト化・顧客育成→購入・来店→関係性構築・接点の維持→リピート」といった導線が必要になっており、特に「関係性構築・接点の維持→リピート」に関してはLINE公式アカウントを活用した施策が大きな効果を発揮します。

従来の購入導線

認知	媒体	購入・来店

近年の購入導線

認知	媒体	リスト化・顧客育成	購入・来店	関係性構築・接点の維持	リピート

新規集客の観点

　少子高齢化に伴う市場の変化から、各業界内での競争が激化している昨今。これまでのように広報や広告に頼る新規集客だけではビジネスが先細りすることは明白です。

　競合他社の増加・台頭により差別化が難しくなっているからこそ、見込みのお客様に対して自社の強みをしっかりと伝え、早い段階から接点を強化することができるLINE公式アカウントは新規集客に対しても有効です。

リピートの観点

　新規集客の難易度が上がったことと連動して、今あらためて注目されているのがCRM（Customer Relationship Management：顧客関係管理）です。

　CRMとは「商品・サービスを提供する企業が、顧客と良好な関係性を築くための活動全般」を意味する言葉となりますが、顧客情報の管理やセグメント把握のみにとどまらず、有益な情報の発信や価値観の共有による顧客のファン化、サービスの利便性や提供価値向上による顧客満足度のアップ、クロスセル・アップセルのオファーによるLTV（Life Time Value：顧客生涯価値）向上など、幅広い範囲に渡る総合的な施策を指します。

　それらの施策を全て一つのツールで行うことができるLINE公式アカウントは、まさに現代のビジネスにおいて、なくてはならないマーケティングツールといえるでしょう。

WEBマーケティングにおける役割

SECTION
04

LINE公式アカウントはWEBマーケティングを行うためのツールです。その役割を明確に理解しておくことで大きな成果につなげることができるようになります。

LINE公式アカウント導入の考え方

LINE公式アカウントをビジネスに導入するにあたり、まずもっとも重要な考え方からお伝えします。

■ スキルやテクニックは後回しでOK

LINE公式アカウントは、あらゆるビジネスで活用できる強力なマーケティングツールですが、成果が上がらない方の特徴として共通しているのは「機能やテクニック論など、枝葉の部分だけを点で学び、全体像を理解しないまま運用・実践を始めてしまう」という傾向があることです。

自身のビジネスにLINE公式アカウントを導入する際、多くの方が間違ってしまう点として、例えば、

「機能や使い方を覚えなきゃ！」
「 メッセージの文字数は何文字が良いの？」
「反応が出るデザインってどんなもの？」

というように、表面的な部分にだけ気を取られてしまうケースです。

もっとも良くない例は、競合他社のアカウントをなんとなく真似て

19

自社のLINE公式アカウントを立ち上げ、「とりあえず友だち集めをスタートしてしまう」こと。

　そのような始め方では、せっかく有効なツールであるLINE公式アカウントを導入しても、ほとんど成果につながることはなく、運用する手間だけがかかってしまい「結局放置してしまう」という結果が待っています。

■ 最初に必ずやるべきこと

　では、具体的に何をやらなければいけないのか？ということですが、それは自身のビジネスにおいて「LINE公式アカウントを導入する目的や方向性を決める」ということになります。

- 何のためにLINE公式アカウントを導入するのか
- どの部分で、どのようにLINE公式アカウントを活用するのか

　これを最初に設定することが、LINE公式アカウントを活用してビジネスの成果を伸ばすためにもっとも重要なポイントです。

WEBマーケティングの媒体や手段

　WEBマーケティングで活用できる媒体やツールは、ホームページ、ブログ、各種SNS、YouTube、メルマガ、LINE公式アカウントなど多数ありますが、次の表を見るとお分かりいただける通り「LINE公式アカウント」は様々な媒体・ツールの中のひとつでしかありません。

広告			SNS／WEB媒体		その他媒体・手法
meta広告 （Facebook・ instagram）	TikTok広告		Instagram	LINE公式 アカウント	GBP（グーグル ビジネス プロフィール）
リスティング広告 （Google・Yahoo!など）	X（Twitter） 広告		Facebook	YouTube	ポータルサイト
ディスプレイ広告 （Google・Yahoo!など）	メディア純広告		X （Twitter）	ブログ	アプリ
LINE広告	アフィリエイト 広告		TikTok	ホーム ページ	オウンド メディア

　LINE公式アカウントの活用が上手くいかないケースの特徴として、「LINE公式アカウントを使えば集客ができる」「LINE公式アカウントを導入するだけで売上があがる」と勘違いしてしまい、全体の中での位置付けや、その他の媒体との連動性を作れていないということが挙げられますので、まずはその点に注意しましょう。

WEB媒体の特性と役割を理解する

　先ほど挙げた媒体・ツールは大きく分けて2つに分類することができます。

- ・Instagram
- ・Facebook
- ・ホームページ
- ・ブログ　など

- ・メルマガ
- ・LINE公式アカウント　など

プル型の媒体は「ユーザーからのアクセスを待ち、媒体にユーザーが訪れて初めてアプローチが可能」になる媒体。

プッシュ型の媒体は「顧客リストとして取得しているユーザーに対して、こちらからアプローチが可能」な媒体。

このように大きな違いがありますが、重要なのは「この特性の違いに伴ってそれぞれの役割が変わってくる」ということです。

プル（アクセスを集める・認知）				プッシュ
meta広告 （Facebook・ instagram）	TikTok広告	Instagram	GBP（グーグル ビジネス プロフィール）	LINE 公式アカ ウント
リスティング広告 （Google・Yahoo!など）	X（Twitter） 広告	Facebook	YouTube	メルマガ
ディスプレイ広告 （Google・Yahoo!など）	メディア純広告	X (Twitter)	ブログ	アプリ
LINE広告	アフィリエイト 広告	TikTok	ホームページ	

基本的には、プル型媒体は顧客リスト（LINE公式アカウントの友だちやメールアドレス）を獲得するための認知・アクセス集めの用途で活用し、プッシュ型の媒体は顧客との関係性構築や来店誘導、またはオファーを行うためのツールとして活用することを推奨します。

なお、店舗ビジネスの場合であれば、上記に加えDM・チラシ・店舗内POPなどのオフラインツールを活用することもでてくるでしょう。DM・チラシは、こちらから顧客へアプローチできるツールであるため、プッシュ型の媒体として捉えることもありますが、LINE公式アカウントを軸としてマーケティングを行う場合、DM・チラシに関しても「LINE公式アカウントの友だち（顧客リスト）を獲得する目的」で活用するツールと考えてもよいかもしれません。

お客様の行動フローと適切な媒体

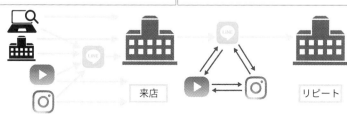

認知	興味・比較検討	来店	関係性構築	再来・リピート化
フェーズ1	フェーズ2	フェーズ3	フェーズ4	フェーズ5

プル型媒体
・GBP（Google ビジネスプロフィール）：上位表示させる必要あり
・Instagram ／ YouTube：定期的な更新でリーチを伸ばす必要あり
・ホームページ：ユーザビリティの高い分かりやすいサイト　etc...

プッシュ型媒体を軸に
・LINE公式アカウント：情報提供・関係性構築・来店誘導・顧客対応
＋
・Instagram ／ YouTube：既存顧客に向けた発信

来店　　リピート

　ビジネスのマーケティングを行う際に、どのフェーズでどの媒体を活用するのかという点に関しては、消費者の行動や心理に当てはめながら考えてみると分かりやすいです。

　市場での認知・ブランディングを行い、ユーザーの興味関心をひいて初回来店（もしくは予約）まで結びつけるフェーズではプル型媒体を主に活用する。
　一度来店（または購入）したユーザーに対して定期的なアプローチやフォローアップを行い、リピートしてもらうフェーズではプッシュ型媒体を主に活用する。

　上記がWEBマーケティングを行う際のオーソドックスな考え方になります。（関係性構築のフェーズではLINE公式アカウントを軸として、その他のSNSを回遊してもらうことで、さらにマーケティングの費用対効果は高まります。）

　これまでLINE公式アカウントやメルマガを活用したことがなく、ホ

ームページやSNSだけを運用していた方の場合、どうしてもそれらの媒体で全てを行おうとしてしまいがちですが、それではなかなか成果に結びつきません。

　媒体・ツール毎に「認知・アクセス集め」と「アプローチ・オファー」の役割を明確化することが、WEBマーケティングの成功の秘訣となりますので、必ず使い分けを意識しましょう。

メルマガとLINE公式アカウントの大きな違い

　ここまで、プル型媒体とプッシュ型媒体の役割の違いについてお話をしましたが、同じプッシュ型のツールであるメルマガを活用してきた方だと、新たにLINE公式アカウントを取り入れる際の注意点や使い分けの基準も気になることかと思いますので、メルマガとLINE公式アカウントの違いについても少し触れておきます。

　メルマガやLINE公式アカウントを活用したリストマーケティング（既存顧客や見込み顧客のリストを取得してアプローチを行うマーケティング方法）の基本的な流れとしては次の3つのステップがあります。

❶集客……主にプル型媒体や広告によって顧客リストを取得
❷関係性構築……発信による価値観の共有や、来店・購買意欲の促進
❸オファー……来店誘導や商品・サービスの販売

　日々の情報配信でユーザー（読者）と信頼関係を構築した上で、来店や商品・サービスの購入を誘導する、という流れです。

　上記のように「取得したリストに対してこちらから好きなタイミングでアプローチできる」という点はメルマガもLINE公式アカウントも同じですが、メルマガの場合はユーザーがメールアドレスを登録した

あとは、配信者側からの一方的なアプローチになってしまうケースがほとんどです。

　一方でLINE公式アカウントの場合は、メッセージの一斉配信によってメルマガ同様の活用ができることはもちろん、

- リッチメニュー
- 自動応答
- チャット（1対1トーク）

　これらの機能によって「ユーザーと双方向のコミュニケーションを行う施策」を容易に実施することができます。

　ユーザー側からすると、メルマガ登録は「自分の郵便受けを開放しているだけの状態」に対し、LINE公式アカウントの友だち追加は「直接会話できる部屋に遊びに行っている状態」というイメージです。
　分かりやすくいうと、「ユーザーとの結びつきが強く、より簡単に関係性を構築できるのはLINE公式アカウントである」ということになります。

また、視覚的訴求が有効な業種やジャンルの場合は、メルマガ以上にLINE公式アカウントが活躍します。

例えば、

- アパレルや雑貨、飲食、不動産など「商品の画像」を訴求することが有効になる業種
- 美容系サロンや治療院など「施術の動画」を訴求することが有効になる業種
- スポーツやトレーニングなど、テキスト（文章）では内容を伝えにくいジャンル
- ホテルや観光業など、「現地の写真」を訴求することで、顧客の期待感を高められる業種
- ヨガ教室やダンス教室など、「レッスン風景の動画」が、入会の決め手になるジャンル

などです。もちろん、ここに挙げた業種以外にも「文章だけでなく画像や動画を活用したい」と考える事業者にとっては、LINE公式アカウントでの情報発信は最適です。

Plan

CHAPTER-
2

Action

Do

押さえておきたい
LINE公式
アカウントの
基礎知識

Check

LINE公式アカウントを理解しよう

2

SECTION
01
ここではLINE公式アカウントのルールや料金プランについて解説します。メリットやデメリットもしっかりと把握して効果的な運用を行うための知識を身につけましょう。

利用できる業種と禁止事項について

　LINE公式アカウントは、法人・個人問わず利用できるツールですが、LINE社で正式に用意している申し込みが可能な業種リストは、以下の業種（またはそれに準ずる業種）となります。

飲食店・レストラン	専門サービス	団体	映画
グルメ・食料品店	生活関連サービス	スポーツチーム・団体	ゲーム
ショッピング・小売店	ペット	公共機関・施設	製造業
ファッション	冠婚葬祭	福祉・介護	商業
スポーツ用品店	宿泊施設	電気・ガス・エネルギー	水産・農林
スポーツ施設・教室	旅行・エンタメ・レジャー	通信・情報・メディア	鉱業
教育・習い事	自動車・バイク	テレビ番組	建設・土木
保育・学校	交通機関・サービス	ラジオ番組	印刷・出版
美容・サロン	銀行・保険・金融	ウェブサービス	運送・倉庫
医療機関・診療所	寺院・神社・教会	雑誌・本	有名人・個人

　「個人」という項目も用意されているため、実質的には「誰でも申し込み・利用ができる」と言えるかと思います。ただし、

- 街コン・相席・テレクラなどの出会い系（サイトやアプリ含む）
- アダルト関連全般（実店舗・コンテンツ・サービス全て）
- 「儲ける／儲かる」などを謳ったネットビジネス系
- 「〇〇するだけ」などを謳った能力開発商材

- ネットワークビジネス・MLM（マルチ・レベル・マーケティング）・ねずみ講・マルチ商法
- カジノや違法ギャンブルのジャンル

　上記をはじめとしたいくつかの業種・ジャンルでは利用が禁止されていますので、該当する業種・ジャンルでの申請はやめましょう。

　また、LINE公式アカウントでは配信コンテンツについても禁止事項が多数あります。「性的な内容」「暴力的な内容」「人を不快にさせる内容」といったように、一般倫理やモラルに反する内容はもちろんのこと、その他で気を付けておくべき点としては「第三者のための広告媒体として使用する行為」という禁止事項についてです。

　どこからどこまでが禁止事項に触れるのかという点に関してはLINE社の裁量次第であり、運営者自身では判断が難しい部分もありますが、「第三者のための広告媒体として使用する行為」の禁止事項について、オンラインビジネスの場合は「アフィリエイト」、店舗ビジネスの場合は「他店の紹介」などが該当するケースになることがありますので注意しましょう。

※詳細は【LINE公式アカウントガイドライン】や【規約】をご確認ください

LINE公式アカウント
ガイドライン

LINE公式アカウント
利用規約

料金体系と追加メッセージ料金について

　LINE公式アカウントには無料プランを含めた3つのプランがあり、それぞれ月額基本料金と月額固定費内で送信可能なメッセージの通数が異なってきます。

　なお、無料メッセージ通数は「メッセージ送信回数」ではなく「メッセージ送信回数×友だち数」となるため、注意が必要です。

	コミュニケーションプラン	ライトプラン	スタンダードプラン
月額固定費 (税別)	0円	5,000円	15,000円
無料メッセージ通数※1 (月)	200通	5,000通	30,000通
追加メッセージ料金 (税別)	不可	不可	～3円/通※2

※1 メッセージ通数は送付人数×メッセージ通数でカウントされます。1通あたり3吹き出しまで送付できます。
※2 追加メッセージの単価は配信数によって異なります。詳細は「スタンダードプラン追加メッセージ価格テーブル」をご確認ください。

■ コミュニケーションプラン

　月額固定費が無料で月に200通までメッセージが送れるプランです。

　週に1回（月4通）程度の配信頻度であれば、200通÷4通=50人という計算になり「友だちの数が50人までであればこのプランで十分」ということが言えます。

　逆に、100人の友だちがいるのであれば、200通÷100人=2通という計算で「月に2回のみメッセージが配信できる」ということになります。

　コミュニケーションプランは「追加メッセージ不可」となり、月額固定費内で送信できる通数を超過する場合はライトプランへアップグレードが必要になります。（上限の200通を超えてメッセージを配信しようとすると、メッセージの配信が停止されます。）

■ ライトプラン

月額固定費5,000円（税別）で月に5,000通までメッセージが送れるプランです。

コミュニケーションプランと比較すると送信できる通数が一気に増え、週に1回（月4通）程度の配信頻度であれば、5,000通÷4通=友だちが1,250人までは許容範囲という計算になります。

コミュニケーションプランと同様に、ライトプランでも追加メッセージの配信はできないため、さらに多くの配信を行いたい場合は一つ上のスタンダードプランにアップグレードする必要性が出てきます。（上限の5,000通を超えてメッセージを配信しようとすると、メッセージの配信が停止されます。）

■ スタンダードプラン

月額固定費15,000円（税別）で月に30,000通までメッセージを送ることができる、LINE公式アカウントの最上位プランです。

コミュニケーションプラン・ライトプランの場合と違い、月額固定費内で送信できるメッセージ数を超えた場合、「1通あたり3円以下」の従量課金で追加のメッセージを配信できます。

追加メッセージ配信数	単価	配信単価目安
〜50,000	3.0円	3.00円
50,001〜100,000	2.8円	3.00〜2.90円
100,001〜200,000	2.6円	2.90〜2.75円
200,001〜300,000	2.4円	2.75〜2.63円
300,001〜400,000	2.2円	2.63〜2.53円
400,001〜500,000	2.0円	2.53〜2.42円
500,001〜600,000	1.9円	2.42〜2.33円
600,001〜700,000	1.8円	2.33〜2.26円
700,001〜800,000	1.7円	2.26〜2.19円
800,001〜900,000	1.6円	2.19〜2.12円
900,001〜1,000,000	1.5円	2.12〜2.06円
1,000,001〜3,000,000	1.4円	2.05〜1.62円
3,000,001〜5,000,000	1.3円	1.62〜1.49円
5,000,001〜7,000,000	1.2円	1.49〜1.40円
7,000,001〜10,000,000	1.1円	1.40〜1.31円

スタンダードプラン追加メッセージ価格テーブル
https://www.lycbiz.com/sites/default/files/media/jp/docs/line-official-account-price-table.pdf

　「3円以下」という表現が少し分かりにくいかもしれませんが、テーブル式で1通あたりの単価が決まっており「追加メッセージの通数が多くなるにつれ1通当たりの単価が下がる」ということです。

　配信数が多くなるほどお得になるということになりますが、例え1通当たりの単価が下がったとしても、友だち数によっては1配信あたり数十万円〜数百万円かかってくる場合もありますので、その点は注意が必要です。

適切なプランの選び方

　基本的には「友だち数」と「月間配信数」の予測を立てながら、自身に適したプランを選んでいくという形になります。運用開始前に、

直近3ヶ月から6ヶ月程度の計画を立てることが必須となりますが、最初はミニマムでスタートして徐々にプランをあげていく運用がオススメです。

　また、費用の目安や適したプランを知るためにLINE社公式のシミュレーターを使うのも良いでしょう。

LINE公式アカウント
売上シミュレーター

LINE公式アカウントのメリット

　1章でも触れたとおり、ビジネス活用を考えた際、LINE公式アカウントには多数のメリットがあります。

メリット❶ **圧倒的なアクティブユーザー数**
メリット❷ **全ての年代で利用されている**
メリット❸ **安心・安定の到達率**
メリット❹ **スピーディーな情報伝達力**
メリット❺ **ユーザーからの高い反応率**

　これらに加え、昨今注目されている1to1マーケティング（ユーザー個々の属性や興味関心に合わせた施策を行うこと）を行うためのプッシュ型ツールとしては比肩するものがなく、特にBtoCのビジネスモデルであれば、売上や集客数アップのための強い味方となるツールです。

　一方でデメリットと言える点もありますのでそちらもお伝えしておきます。

LINE公式アカウントのデメリット

LINE公式アカウントのデメリットとして挙げられることは大きく2つです。

> デメリット❶ プラットフォーム依存のリスク
> デメリット❷ 従量課金体系による配信コスト

■ プラットフォーム依存のリスク

LINE公式アカウントをビジネスで活用する上で最大のデメリットとも言えるのが、LINE公式アカウントはLINE社が提供するプラットフォームであるということ。

すなわち、運営元であるLINE社の方針や決定で様々なことが大きく左右されてしまう可能性があるということです。

例えば、利用者側が規約に則った運用をしているつもりでも、アカウント停止やアカウント削除などの判断はLINE社が行うことになりますので、こちらが意図していない影響を受けるということは十分に考えられます。

どれだけ多くの友だちリストを集めたとしても、アカウントが削除された場合は全て無に還ってしまいますので、ビジネスでLINE公式アカウントを利用する際には「併せてメルマガリストを取得しておく」など、しっかりとリスクヘッジをしておく必要があることを念頭に置いておきましょう。

とはいえ、プラットフォーム依存のリスクに関してはLINE公式アカウントに限らず、InstagramやXをはじめとした各種SNSやYouTube、広告アカウントに関してもまったく同じことが言えます。「リスクがあ

34

るから使わない」ということではなく、リスクを見越したうえで事前に対策をとれるように考えておきましょう。

■ 従量課金体系による配信コスト

　もう一点のデメリットが配信コストです。LINE公式アカウントは、月額費用の中で定められた配信通数の範囲で運用を行う場合は比較的リーズナブルに利用できるツールですが、それを超えた場合は従量課金となり、追加メッセージの費用が発生します。

　実際に追加メッセージ費用を加味して計画を立てるフェーズになるのは、友だちリスト数が1万人近くになってからかと思いますが、メルマガのように「とにかくたくさんの読者を集めればOK」という考え方は通用しないツールであることはあらかじめ認識しておく必要があります。

　従量課金対策に関しては様々な方法が考えられますが、本章の最後で「配信コストを抑えるための3つのアイデア」をお伝えいたしますので、そちらも参考にしてください。

代表的な機能と活用ポイント

2

LINE公式アカウントに備わっている機能を学び、自身のビジネスにLINE公式アカウントを導入する場合に、どのような使い方ができるのかイメージを膨らませてみましょう。

メッセージ配信機能

　メッセージ配信機能は、自身のLINE公式アカウントを友だちとして追加してくれたユーザーに対してメッセージを一斉配信したり、特定の属性のユーザーを抽出して絞り込み配信を行うことができる機能で、LINE公式アカウントの運用でもっとも多く使うことになるであろう基本的な機能です。

　ユーザーにとって価値の高い情報を届けることで、店舗への集客や、商品・サービスのオファーを行うことができます。

　メッセージが配信されると、ユーザーのLINEアプリにプッシュ通知が届くため、メールや他のSNSなどに比べて高い開封率が期待できます。

　同時に送信するメッセージは3つの吹き出しまでが1通としてカウントされるため、1通のメッセージ配信でテキスト＋画像をセットで配信などの工夫も有効になってきます。

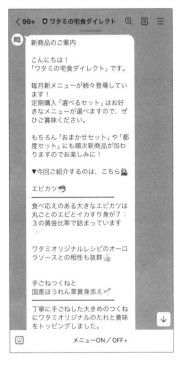

メッセージ配信機能で送信できるメッセージタイプは以下のコンテンツになります。

- テキスト
- スタンプ
- 写真
- クーポン
- リッチメッセージ
- リッチビデオメッセージ
- 動画
- ボイスメッセージ
- リサーチ
- カードタイプメッセージ

■ テキスト

絵文字や顔文字も含めた、通常のテキストメッセージ。文字数は、半角・全角・記号の区別なく、全て1文字としてカウントされ、1吹き出し500文字、最大3吹き出しまで設定可能です。

■ スタンプ

LINEの標準スタンプのみ利用可。

■ 写真

自身のパソコンから任意の画像をアップロードできます。推奨フォーマットは【JPG、JPEG、PNG】となり、10MBのファイルまで投稿可能です。

■ クーポン

　作成済みのクーポンを配信する機能。クーポンは事前に作成してお
き、選択して配信します。

■ リッチメッセージ

　任意の分割パターンに合わせて事前に作成しておいたリッチメッセ
ージが選択できます。

■ リッチビデオメッセージ

　縦型・横型・正方形など、自動で再生される動画をメッセージとし
て配信することができます。
　フォーマットは【MP4（推奨）、MOV、WMV】となり、200MB以下
の投稿が可能です。

■ 動画

　200MB以下の動画ファイルを配信できます。再生後1秒時点のスク
リーンショットが動画のサムネイルとなります。
　推奨フォーマットは【MP4（推奨）、M4V、MOV、AVI、WMV】とな
ります。

■ ボイスメッセージ

　音声ファイルを配信することができます。200MB以下のファイルの
送信が可能です。

■ リサーチ

　作成済みのリサーチを配信する機能。（リサーチ機能はユーザーに対
してアンケートを実施できる機能です）

　複数のコンテンツをまとめて送信できるカルーセルタイプのメッセージ機能。プロダクト・ロケーション・パーソン・イメージの4つのカードタイプから目的に応じて選択することができます。

　事前に作成しておいたカードタイプメッセージを選択できます。カードの最後には「もっと見る」を表示することも可能です。

　LINEアプリのユーザーであれば普段から慣れ親しんでいるテキストやスタンプがそのまま使えることはもちろん、LINE公式アカウント特有のメッセージタイプとして「クーポン」「リッチメッセージ」「カードタイプメッセージ」といったコンテンツも配信可能です。

　なお、メッセージ配信の有効な活用方法については144ページで詳しく解説します。

LINE VOOM（旧タイムライン）

　LINE VOOMは、タイムライン機能に変わって始まったサービスで、ショート動画やテキストなどを投稿できる機能です。無料プランでも回数無制限で投稿可能となり費用はかかりません。

　お知らせや情報を掲載する掲示板やブログのようなものをイメージすると分かりやすいかもしれません。

　吹き出しで情報を送るメッセージ配信やチャット機能と違い、スマートフォンの画面幅いっぱいに動画、写真、テキストを掲示できるという特徴があります。

　LINE VOOMは、友だち登録とは別の「フォロー」をベースとした独立機能となり、フォローしているユーザーの興味にマッチしたコンテ

ンツが表示されます。

　なお、一定の条件をクリアすると動画に広告を表示することができ、収益化も可能です。

　また、画面上部にある「フォロー中」のタブより、日常の様々な場面を動画や写真で24時間表示できる「ストーリー」も投稿できます。

※友だち登録をしていなくても、LINE
　VOOMをフォローしていると投稿は
　表示されます
※収益化については、フォロワー数や
　総再生時間などの条件があります
※投稿したストーリーはアカウントの
　アイコンからも見ることができます

■ 投稿できるメッセージタイプ

　LINE VOOMで投稿できるメッセージタイプは以下のコンテンツになります。

- テキスト
- スタンプ
- 写真（画像）
- ショート動画
- 動画
- 動画用サムネイル
- 位置情報
- クーポン

- URL
- リサーチ

絵文字や顔文字も含めた、通常のテキストメッセージ。文字数は、半角・全角・記号の区別なく、全て1文字としてカウントされ、最大10,000文字まで送信可能です。

基本的にはLINEの標準スタンプのみ利用可。スタンプは20件、アニメーションスタンプは1件まで利用できます。個人アカウントで購入したスタンプなどは送信することができません。

動画と合わせて最大20枚の画像をアップロードすることができます。推奨フォーマットは【JPG、JPEG、PNG、GIF】となり、10MBのファイルまで投稿可能です。

再生時間60秒のショート動画を投稿できます。フォーマットは【MP4、M4V、MOV、AVI、WMV】となり、500MBファイルまで投稿ができます。

画像と合わせて最大20の動画をアップロードすることができます。推奨フォーマットは【MP4、M4V、MOV、AVI、WMV】となり、500MBファイル、動画の長さは20分まで投稿可能です。

■ 動画用サムネイル（オプション）

　動画用のサムネイルもアップロードできます。サムネイルをアップロードしない場合は、動画開始1秒地点のスクリーンショットがサムネイルとして採用されます。
推奨フォーマットは、【JPG、PNG】となり、10MBファイル、画像サイズ幅750px×高さ993pxが投稿可能です。

■ クーポン

　作成済みのクーポンを配信する機能。クーポンは事前に作成しておき、選択して配信します。

■ 位置情報

　マップから任意の場所を選択し、位置情報を送信することができます。

■ リサーチ

　LINE公式アカウントに備わっているリサーチを投稿することが可能。投稿するためには、あらかじめリサーチを作成しておく必要があります。

■ メッセージ配信とLINE VOOMの大きな違い

　通常のメッセージ配信はユーザーにプッシュ通知が届きますが、LINE VOOMの場合はコンテンツを投稿した時のプッシュ通知が届かない仕様になっています。プッシュ通知が届かないため「ユーザーに気付いてもらいにくい」というデメリットがある反面、どれだけ頻繁に投稿しても「ユーザーに迷惑がられることがない」という大きなメリットもあります。

また、もう一つ両者の特徴として挙げられるのは「ユーザーが閲覧可能なメッセージの範囲の違い」です。

通常のメッセージ配信は、メッセージがリアルタイムでトークルームに届くため、ユーザーは自身が友だち追加をした後に届き始めるメッセージしか読むことはできません。（そのLINE公式アカウントが過去に配信したメッセージは読めない）

一方、LINE VOOMの場合、ユーザーは自身が友だち追加をする以前の投稿をさかのぼって閲覧することができます。（そのLINE公式アカウントが過去に投稿したメッセージが読める）

■ LINE VOOMの有効な活用法

費用がかからず回数無制限で投稿できるメリットを生かし、「LINE VOOMではブログ投稿のように日々の情報発信を行い、リアルタイムで伝えたい大事なお知らせ（キャンペーン告知など）がある時はメッセージ配信を利用する」という使い分けが、とても有効なLINE VOOM活用法になります。

また、LINEの特性上、通常のメッセージ配信は1つの吹き出しが500文字までとなり長文を送るには不向きであると言えますが、LINE VOOMは10,000文字まで投稿可能で、長文でも読んでもらいやすいという特徴があります。

そのため、両者それぞれの特徴を生かし、「要点だけをまとめた短い文章とタイムライン投稿への誘導URLを通常メッセージで送り、長い本文はLINE VOOMで読んでもらう」という運用方法も有効です。

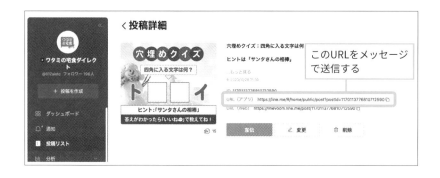

チャット機能

　チャット機能は、LINE公式アカウントを友だち追加してくれたユーザーと1対1でトークができる機能です。

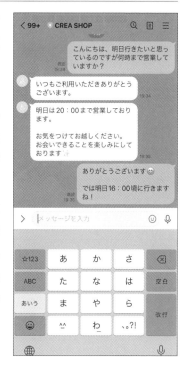

　通常のLINEアプリと同じように、ユーザーと個別でコミュニケーションを行い、信頼関係を構築していくことができます。

　なお、この機能を使ってユーザーとトークを行う際は従量課金の対象となるメッセージのカウントはされませんので、コミュニケーションプランであっても回数無制限で行うことが可能です。

■ チャット機能で送信できるコンテンツ

　チャット機能で投稿できるコンテンツは以下になります。

- テキスト
- 写真
- スタンプ
- 定型文
- カードタイプメッセージ
- クーポン
- ファイル（PDFなど）
- 音声、ビデオ
- 電話（LINEコール）

絵文字や顔文字も含めた、通常のテキストメッセージ。

　自身のパソコンから任意の画像をアップロードできます。フォーマットは【JPG、JPEG、PNG】となり、10MBのファイルまで投稿可能です。

LINEの標準スタンプのみ利用可。

よく使う文章を定型文として設定し、送信することができます。

　複数のコンテンツをまとめて送信できるカルーセルタイプのメッセージ機能。プロダクト・ロケーション・パーソン・イメージの4つのカードタイプから目的に応じて選択することができます。事前に作成

しておいたカードタイプメッセージを選択できます。カードの最後には「もっと見る」を表示することも可能です。

■ クーポン

　作成済みのクーポンを配信する機能。クーポンは事前に作成しておき、選択して配信します。

■ 通話リクエスト（LINEコール）

　ユーザーから店舗や企業のアカウントに無料で音声通話やビデオ通話ができる機能です。電話をかけるためのURLやQRコードを発行してメッセージで送信可能。WEB管理画面で通話するには、通知、カメラ、マイクの設定が必要です。ただし、LINE公式アカウント側からユーザーに発信することはできません。

■ 顧客管理としての活用法

　ユーザーとの1対1トークを行うことができるチャット画面では、ト

ーク履歴だけでなくユーザープロフィールが表示されますが、ここで
は、

- 鉛筆マーク：ユーザー名（友だち名）の変更が可能
- タグを追加：ユーザー属性に合わせたタグを設定可能
- 担当者：担当者名を記入することが可能
- ノートを追加：ユーザーの情報やメモを記載可能

これらの編集を行うことができますので、ユーザーの名前を分かり
やすい名前へ変更したり、スタッフ間で共有したい情報をメモで残す
ことも可能です。（ノート情報はユーザー側に公開されません）

また、チャットの基本機能は通常のLINEアプリと同様になります
が、LINE公式アカウント独自の機能として、【タグ】の付与が可能な
点が特徴となります。

タグというのは、ユーザーに対して

- 来店履歴の有無
- 問い合わせの有無
- 対応の緊急度

など、任意の属性・情報を付与して区別を付けるための付箋（ラベル）
のような役割を果たす機能です。

タグが付いていることにより、1対1でトークを行う際に「相手に合
わせた提案やサポートができる」というメリットがあるほか、特定の
タグが付いているユーザーだけにメッセージを送信する【オーディエ
ンス配信】という絞り込み配信を行うことが可能になります。オーデ

ィエンス配信では、

- 担当者から担当顧客への一斉送信メッセージ
- 見込み度の高いユーザーだけにオファーのメッセージ
- ロイヤル顧客だけに絞った先行SALEの案内メッセージ

など、特定のユーザーへ向けて通常配信とは異なる内容のメッセージを配信できるため、非常に有効な使い方ができます。

ステップ配信機能

ステップ配信は、友だち追加などのアクションを起点として「あらかじめセットしておいたメッセージが任意のタイミングで自動的に相手に届く機能」です。適切なタイミングでユーザーの属性にあったメッセージを送り分けできるステップ配信は、多くのビジネスモデルにおいて非常に効果的な施策となります。

また、LINE公式アカウントのステップ配信は「全ての読者に同じ内容」を配信することはもちろん、ユーザーの【みなし属性】を設定し、メッセージを分岐させることもできます。

※みなし属性とは、ユーザーがLINE内でとった行動に基づいて分類された属性のことを指します。

　ステップ配信のシナリオ通数は、吹き出し3つまでを1通として、合計50通まで設置可能です。

　なお、配信するメッセージは課金対象としてカウントされます。LINE公式アカウントはプランに応じて無料配信通数の上限が決まっていますので、上限を超えた場合、ステップ配信は停止してしまいます。ステップ配信を再開したい場合は、LINE公式アカウントのプランをアップグレードするなどの方法で再開が可能です。

リッチメニュー機能

　リッチメニューとは、LINE公式アカウントのトーク画面下部に大きく表示されるメニューのことを指します。

　リッチメニューに設定できるエリアは1つから最大6つまでとなり、レイアウトは10種類以上のテンプレートから選択できます。それぞれの項目には誘導先のコンテンツを設定することが可能で、ホームページでいうグローバルナビゲーションと同様の使い方ができます。

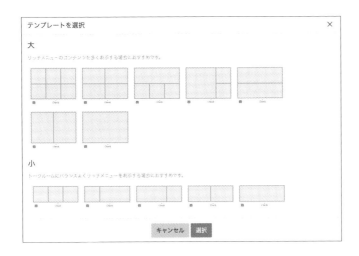

リッチメニューの各エリアには以下のコンテンツを設定できます。

■ リンク

ホームページやSNSアカウントなど、誘導したいページのURLが設置できます。

■ クーポン

あらかじめ作成しておいたクーポンが設置できます。

■ テキスト

該当エリアをタップすると任意のテキストがトーク画面に投稿されます。このテキストは管理者側からのメッセージではなく「ユーザー側からの発言」としてトーク画面に投稿されるため、【キーワード応答】と組み合わせて活用できます。

■ ショップカード

あらかじめ作成しておいたショップカードが設置できます。

なお、リッチメニュー機能の有効な活用方法については120ページで詳しく解説します。

ショップカード機能

ポイントカードを作成・発行できる機能です。来店時や商品購入時にポイントを付与し、一定数のポイントが貯まると特典を配布するなどの施策を行うことで再来店につなげやすくなります。

カードはLINEアプリ内で確認できるため、ユーザーにとって紙のカードよりも利便性が高く、忘れることや紛失することもないためリピート率の改善に役立ちます。

また、ショップカードを利用するためにはLINE公式アカウントの友だち追加が必須のため、ショップカードの利用訴求をきっかけに友だちを増やすことも可能です。

クーポン・抽選機能

主に店舗ビジネスなど、オフラインでユーザーと対面する機会がある来店型ビジネスモデルで活用可能な機能です。商品・サービスの割引やプレゼントなど、ユーザーにとって直接的にメリットとなるクーポンは高い反応率が見込めるため、新規集客・リピーター獲得どちらにも活用することができます。

「クーポン名・有効期限・画像」などいくつかの項目を設定するだけで簡単に発行することができ、作成したクーポンはメッセージで配信するだけでは

なくリッチメニューに設置することも可能です。

また、LINE公式アカウントで作成・発行できるクーポンは抽選機能を持たせることもできます。抽選機能は「配布したクーポンをユーザーがタップすることで抽選が始まり、当選した人のみがクーポンを利用できる」という機能になります。

クーポンを作成する際に、当選率（1〜99％の範囲内）や当選上限数を設定できるため、店舗の戦略や目的に合わせた活用が可能です。

「普通にクーポンを受け取るよりも、抽選に当たったクーポンの方が利用動機が高まる」というメリットが生まれますが、一方で、当選しなかったユーザーは来店のモチベーションが下がりやすいという懸念点もあるため、外れの場合にも「別途、割引率を抑えた別のクーポンを配布する」などの配慮を行うことが必要になります。

リッチメッセージ

リッチメッセージは、リンク付きの画像を送信できる機能です。1つの画像に対して最大6箇所のエリアを設定することができ、それぞれに誘導先を設置して送信できるメッセージとなります。前述した「リッチメニュー」をメッセージとして配信できるイメージです。

リッチメッセージは、通常のテキストメッセージや写真と違い、スマートフォンの画面幅いっぱいに表示される画像と共に、誘導したいコンテンツを

アピールできるため、より高い誘導効果が見込めます。

　なお、エリアの設定はリッチメニューとレイアウトが異なり、約30種類のテンプレートから選択できます。

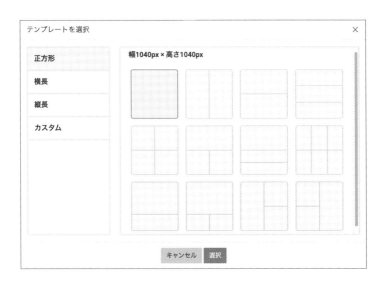

カードタイプメッセージ

　カードタイプメッセージは、最大9つのカードコンテンツを1度にまとめて配信できるカルーセルスライダー機能です。1つ1つのカードには「ラベル・写真・タイトル・説明文・価格・アクション（CTA）」の項目があり、これらを入力していくことで簡単に作成できます。

送信できるカードのタイプは、

- プロダクト
- ロケーション
- パーソン
- イメージ

の4タイプとなり、コンテンツの内容に適したタイプを選択すること
ができます。

LINEコール

　特定のユーザーと、通話料無料で音声・ビデオ通話ができる機能で
す。LINE公式アカウントからチャットで送られたLINEコールのURLや
QRコードを受け取り、ユーザー側から電話をかけることができます。
ただし、LINE公式アカウント側からユーザーに発信することはできま
せん。

　ユーザーからいつでも電話をかけられるようにしたい場合は、プロ
フィール画面に「通話ボタン」を追加することで対応が可能です。

※「通話ボタン」の追加は管理画面の「プロフィール」から設定でき
　ます。

　ユーザーからの着信により履歴が残るため、折り返しの対応や、通
話後にチャットでやりとりをするなど、ユーザーとのコミュニケーシ
ョンをLINE内で完結できます。

　LINEコールは、非対面でもビデオ通話で画面越しに商品の実物や状

態を確認できるため、

- オンライン接客、オンライン商談
- オンラインレッスン、ワークショップ
- 店舗や施設などの電話予約・内見会、内覧会、事前見積もり
- テイクアウト、デリバリーの予約注文

など、あらゆるビジネスモデルでさまざまな活用法が考えられます。

　以上、LINE公式アカウントの代表的な10個の機能について解説してきましたが、自身のビジネスにLINE公式アカウントを導入する際の活用イメージは湧いてきましたでしょうか。
　最初から全ての機能を使いこなす必要はありませんので、少しずつ活用の幅を広げていきましょう。

配信コストを抑える 3つのアイデア

2

SECTION
03

LINE公式アカウントには従量課金制度がありますが、いくつかの方法で配信コストを抑えた運用を行うことが可能です。ここではそのアイデアを紹介します。

課金対象になるメッセージの種類を把握しよう

　LINE公式アカウントではメッセージの種類によって、通数カウントの対象になるものと対象にならないものがあります。配信コストを抑えた運用を行うための事前知識として以下を把握しておきましょう。

■ 課金対象となるメッセージタイプ

1. メッセージ配信（セグメント配信・オーディエンス配信を含む）
2. Messaging APIの「Push API」「Multicast API」「Broadcast API」
（機能拡張ツールによるチャット（1対1トーク）を含む）

■ 課金対象外のメッセージタイプ

1. チャットの送受信（API未使用時のみ）
2. LINE VOOM投稿
3. 応答メッセージ（キーワード応答）
4. AI応答メッセージ
5. あいさつメッセージ
6. Messaging APIの「Reply API」

　基本的には、運営者主導でメッセージを配信する場合は一斉送信・セグメント配信ともに従量課金の対象となり、ユーザー側からのアクションが起点となる場合のほとんどは従量課金の対象外となると考え

ておくと良いでしょう。

　ただし、一点、気を付けなければならないのが「Messaging API」
です。Messaging APIというのは、ツールやミニアプリを使用した際
にLINE公式アカウントを操作する、いわばロボットのようなもので
す。連携しているツールやミニアプリからMessaging APIへと指示を
出すと、その指示を受けてロボットがLINE公式アカウントの各種機能
を実行してくれる、というものになります。

　Messaging APIを経由してメッセージを配信する場合は、本来無料
であるチャット（1対1トーク）のメッセージも従量課金の対象となる
ので、注意してください。

　基本的に、ツールやミニアプリを利用しない限りはAPIについて深く
理解する必要はありません。LINE公式アカウントのデフォルト機能を
使うと無料であるチャット（1対1トーク）が、ツールやミニアプリを
使用した場合は従量課金の対象メッセージとしてカウントされるケー
スがあるということだけ覚えておきましょう。

■ 配信コストを抑えるためのポイント

　LINE公式アカウントの配信コストを抑えるために意識するポイント
はシンプルです。

- 「課金対象となるメッセージ」を極力減らしながら
- 「課金対象外のメッセージ」を最大限活用する

　この両軸の考え方でLINE公式アカウントを運用することによって、
従量課金コストを抑えながら、効果を最大化していくことが可能にな
ります。

ここまで解説してきた内容を全て踏まえたうえで、LINE公式アカウントの配信コストを抑える方法は、

1. 絞り込み配信（オーディエンス配信）の活用
2. LINE VOOMの活用
3. アカウント複数運用

　この3つの方法になります。それぞれ詳しく解説していきます。

1. 絞り込み配信（オーディエンス配信）の活用

　絞り込み配信（オーディエンス配信）とは、メッセージ配信やステップ配信の際に、対象を絞り込んで配信することを指します。

　例えば、「メッセージを開封したことがあるユーザー」「メッセージ内のURLをタップしたことがあるユーザー」「性別や年代などの属性」など、行動履歴や属性でユーザーのオーディエンスを作成し、そのオーディエンスに該当するユーザーだけに配信を行うことができます。

　友だち全体への配信を行うのではなく、メッセージの内容に興味を持ってくれそうな層にだけ配信を行うことで、配信通数の節約につながるだけでなく、高い反応率を期待することもできます。

■ 設定できるオーディエンス

1. メッセージクリック
2. メッセージインプレッション
3. リッチメニュークリック
4. リッチメニューインプレッション
5. チャットタグオーディエンス
6. 友だち追加経路オーディエンス
7. ウェブトラフィックオーディエンス

8. ユーザー ID アップロード

9. 予約オーディエンス

2. LINE VOOMの活用

　LINE公式アカウントには掲示板のような役割を果たす「LINE VOOM」という機能があります。LINE VOOMは、

- 利用プランに関わらず無料で利用できる
- 回数無制限で投稿できる
- 長文（最大10,000文字）の投稿ができる
- 動画や画像が画面幅いっぱいに訴求できる
- 投稿時にユーザーへプッシュ通知が届かない

　上記の特徴があり、これらを生かした運用を行うことで、配信コストを抑えることにつながります。

　具体的には、「リアルタイムで告知しなければいけない緊急性のある情報以外は、LINE VOOMに投稿する」ことで配信コストをかけずに情報発信を行うことが可能です。ブログに近い感覚でLINE公式アカウントを活用するイメージです。

　現在であれば、東京ディズニーリゾートや、ハイブランド（ルイ・

ヴィトンなど）の企業も「LINE VOOMでは毎日のように情報発信を行い、週に1回から月に1回程度でメッセージ配信を行う」という運用方法でLINE公式アカウントを活用していますが、一般企業や店舗でも同じような運用は有効になってきます。

　新規で友だち登録したユーザーには過去配信分のメッセージを読んでもらうことができませんが、LINE VOOMに投稿した情報は過去投稿分も閲覧できるため、その点を考えても有効な活用方法と言えるでしょう。

3. アカウント複数運用

　LINE公式アカウントを1つだけ運用し、全ての施策をそのアカウントで行おうと考えた場合、友だちリストの数が多くなるにつれ、どうしても課金対象となる一斉配信メッセージ通数が増えてしまいますが、施策や目的別に複数のLINE公式アカウントを分けて運用することで、

それぞれのアカウントのメッセージ無料配信枠を最大限に生かすことが可能になります。

　もっとも分かりやすい例としては、「複数店舗を経営している場合は、店舗別でLINE公式アカウントを運営する」という方法が挙げられますが、それ以外にも複数アカウント運用が活用できるシーンはたくさんあります。

- 商品の購入者と非購入者でアカウントを分ける
- 一般顧客とお得意様でアカウントを分ける
- ステップ配信用と通常配信用でアカウントを分ける
- メインアカウントとサポート専用アカウントを分ける
- ユーザー属性（性別・職業など）でアカウントを分ける
- 企業の公式アカウントと採用アカウントを分ける
- 商品やキャンペーン別でアカウントを分ける

　このように、ユーザーのセグメントやアカウントの運用目的に合わせてそれぞれLINE公式アカウントを作成し使い分けることによって、アカウント1つあたりの友だちリスト数を抑えることができ、必然的に従量課金対策につながります。

　特に「メインアカウントとサポート専用アカウント」を分ける運用方法は、大手企業でもよく見かける活用法になりますが、この場合、サポート専用アカウントに関しては、「チャット機能をメインで利用するため、費用をかけずに運用することも可能」です。

　以上、配信コストを抑えるための3つのアイデアを解説してきました。ぜひ参考にしていただき、自身のビジネスモデルや目的に合った方法で、費用対効果の高いLINE公式アカウント運用を実現してみてください。

Plan

CHAPTER-
3

Do

Check

ction

LINE公式
アカウントを
開設する

3 アカウント開設のための事前知識

SECTION
01

ここではアカウント種別やプレミアムIDについて解説します。まずはアカウント開設にあたり、最低限押さえておきたい知識を学んでいきましょう。

3つのアカウント種別とその違い

LINE公式アカウントには、次の3つのアカウント種別があります。

1. プレミアムアカウント（緑）
2. 認証済アカウント（青）
3. 未認証アカウント（灰色）

　この画像のように、LINE公式アカウント名の横のバッジ色がそれぞれのアカウント種別を表しています。

【プレミアムアカウント】に関しては、【認証済アカウント】の中からLINE社が独自の審査基準で選定したアカウント（基本的には大手企業や著名人）になりますので、一般の企業や個人が申し込み時に選択できるのは【認証済アカウント】か【未認証アカウント】のいずれかになります。

- 認証済アカウントは、LINE社所定の審査をクリアしたアカウント
- 未認証アカウントは、審査がなく法人・個人問わず誰でも開設できるアカウント

どちらのアカウントも利用料金体系や利用できる機能はまったく変わりませんが、認証済アカウントだけができることがいくつかあります。

■ 認証済アカウントだけができること

- LINEアプリ内のアカウント（友だち）検索結果に表示される
- 販促用の公式ポスターなどのツールが使える
- 友だち集め用のPOPやノベルティを発注できる（有料）
- 利用料金について、複数の支払い方法が選択可能
- 友だち追加広告が出稿できる（有料）
- 認証済アカウントバッジ（青）が付与される

認証済アカウントで開設の申し込みを行いLINE社の審査に通過すると、このように、未認証アカウントにはないメリットを得ることができきます。特に大きなポイントとしては、

- LINEアプリ内のアカウント（友だち）検索結果に表示される
- 友だち追加広告が出稿できる（有料）

この2点になりますが、どちらも友だちリストを集める際に有効になってきますので、企業や店舗の方は認証済アカウントを申請するメリットがあります。

逆に、実店舗などの実態がないビジネスの場合（オンラインビジネスなど）は、そもそも審査対象から外れますので、認証済アカウントではなく未認証アカウントで利用するようにしましょう。

なお、店舗や企業の場合も認証済アカウントを申請することは必須ではありません。まずは未認証アカウントで運用を始め、後々に申請を検討する方法もオススメです。

有料で発注できるノベルティの例。

　LINE公式アカウントには、2通りの開設方法があります。

1. 個人のLINEアカウントで開設
2. メールアドレスを登録して開設

　1つ目の方法は、アカウントの申し込みをする際、個人のLINEアカウントとLINE公式アカウントを連携させることで開設が完了します。

　2つ目の方法は、登録したメールアドレスへ届くアカウント登録用のメールから【LINE BUSINESS ID】を作成し、アカウントを開設していく流れになります。

　どちらの方法も、他のWEBサービスへ登録する場合と変わらず非常に簡単な手順でアカウントを開設することができますが、1つ目の方法で開設する方がひと手間少なく済むことになります。

　1つ目の方法で申し込みをする際、懸念される事項として「個人のLINEアカウントを紐付けた場合、個人（運営者）が特定されるのではないか」という点があるかもしれませんが、その点については心配ありません。

　個人のLINEアカウントとの連携はあくまでログイン時に使用されるものになりますので、「どの公式アカウントを誰が運営しているのか」ということは外部に分からないようになっています。

　また、LINE公式アカウントは認証済・未認証に関わらず、1つのLINEビジネスIDにつき100アカウントまで作成できるため、どちらの方法で開設しても大差ありません。お好みの方法で申し込みをしてください。

複数人で同じアカウントを管理・運営する場合は2つ目の方法を推奨します。

ベーシックIDとプレミアムIDの違い

LINE公式アカウントを開設すると、ランダムな英数字の【ベーシックID】というIDが付与されます。

これは、ユーザー側がLINEで友だち追加をする際の検索で利用されるIDとなりますが、オプションサービスの【プレミアムID】に申し込むことで、自身の店舗名・法人名・サービス名など任意の文字列に変更することができます。

オプション費用は年間で 1,200 円（税別）になりますが、こちらはWEBサイトを作る際のドメインの取得と同様の考え方で、

- 会社名や屋号と同じものにしたい
- 商品名やサービス名と同じものにしたい
- 使いたい文字列が明確に決まっている

など、主に自身の会社・商品・サービスのブランディングを行いたい場合に有効になりますので、その場合は、指定した文字列でIDを決

められるプレミアムIDを申し込むのも良いでしょう。

　申し込みは、LINE公式アカウント開設後、管理画面の右上の［設定］から［利用と請求］＞［プレミアムID］のページで行うことができます。

　もちろん、このプレミアムIDは必須ではないためベーシックIDのままの運用でもまったく問題ありません。必要に応じて検討していきましょう。

　以上がLINE公式アカウントの開設について、申し込み前に最低限押さえておきたい知識となります。

　ここからは実際の開設手順（メールアドレスで開設する場合の例）を順に解説していきます。

3 アカウントの開設手順と注意点

SECTION 02

それではさっそくアカウントを開設してみましょう。
LINE公式アカウントの開設は、必要な情報を順に入力し
ていくことで簡単に行うことができます。

❶ LINEヤフー for Businessにアクセスする

■ LINEヤフー for Busines

https://www.lycbiz.com/jp/

このページにアクセス
し、右上にあるオレン
ジ色のボタン［アカウ
ント開設］をクリック
します。

❷ LINE公式アカウントをはじめるをクリックする

［LINE公式アカウント
をはじめる］をクリッ
クします。

注意点：LINE公式アカウントの利用規約を確認したら、［確認］ボタンを押して次に進みましょう。

［メールアドレスで登録］をクリックして、任意のメールアドレスを入力し、［登録用のリンクを送信］をクリックする。

LINE Business ID

LINEビジネスID登録用のリンクをお送りします。

登録するには[登録画面に進む]を押してください。このリンクは24時間有効です。

登録画面に進む

ボタンを押しても動作しない場合は、https://account.line.biz/signup/email/join?token=Qn
gJ0seLrCRau3eVlhbDsTiV7cE&redirectUri=https%3A%2F%2Fentry.line.biz%2Fform%2F
entry%2Funverified&internalRedirectUri&scope= をコピーしてブラウザに貼り付けてくだ
さい。

※本メールは、LINEビジネスIDに登録されたメールアドレスにお送りしています。
本メールに心当たりがない場合は、ほかのユーザーが誤ってあなたのメールアドレスを登
録した可能性がありますので、本メールを破棄してください。

© LY Corporation

登録したメールアドレスに届いた［登録画面に進む］ボタンをクリック、もしくはURLにアクセスするとアカウント開設画面へ戻ります。

LINE Business ID

メールアドレス ⑦

info@creastyle-web.com

名前 ⑦

名前

パスワード ⑦

パスワード

☐ 私はロボットではあり
ません　　　reCAPTCHA
　　　　　　プライバシー - 利用規約

登録

アカウントをお持ちの場合はログイン

任意の名前（法人名や個人名など）とパスワードを入力し［登録］をクリックすると、確認ページが表示されますので、間違いがなければそのまま進めます。これでLINE Business IDの登録が完了です。

LINE Business ID

登録が完了しました。
下のボタンを押して利用するサービスに移動してください。

サービスに移動

ヘルプ 利用規約 © LY Corporation

登録が完了したら［サービスに移動］をクリックします。

❹ 必須項目を入力して［確認］を選択する

①　　　　　　　②　　　　　　　③
会社・店舗情報を登録　　入力内容の確認　　申し込み完了

LINE公式アカウントの作成　　　　　　　　　　　　● 必須

ログイン情報

| ユーザー名 | CREA SHOP ログアウト |
| サービス対象国・地域 | 日本 日本の利用プランが適用されます。 |

アカウント情報

アカウント名 ●　　　　　例：Brownカフェ　　　　　　　　　　　　　0/20
　　　　　　　　　　　　LINEの友だちリストやトーク送信に表示される名称です。

メールアドレス ●　　　info@creastyle-web.com　　　●●●　22/240

会社・事業者の所在国・地域 ● ⑦　　日本　　　　　　　　　　　　　　∨
　　　　　　　　　　　　ここで指定した国・地域は、ユーザーが閲覧できるページ（アカウントのプロフィールなど）に
　　　　　　　　　　　　表示されます。

会社・事業者名　　　　　　　　　　　　　　　　　　　　　　　　0/100

業種 ●　　　　　　　大業種を選択　　　∨　　　小業種を選択　　∨

運用目的（複数選択可）●　　◎ お店を知ってもらいたい、興味を持ってもらいたい
　　　　　　　　　　　　◎ 来店してもらいたい、リピーターになってもらいたい
　　　　　　　　　　　　◎ 潜在顧客・見込み顧客を集めたい
　　　　　　　　　　　　◎ お問い合わせに対応したい、お客さんとチャットしたい
　　　　　　　　　　　　◎ ホームページ・SNSの代替として使いたい
　　　　　　　　　　　　◎ サイトに人を集めたい、登録してもらいたい
　　　　　　　　　　　　◎ その他

主な使い方 ●　　　　　◎ メッセージ配信用
　　　　　　　　　　　　主にメッセージ配信を利用して、友だちに情報を発信する。
　　　　　　　　　　　　◎ チャット・LINEコール用
　　　　　　　　　　　　主にチャットやLINEコールを利用して、お客さまからの問い合わせに対応する。
　　　　　　　　　　　　◎ 上記以外の使い方
　　　　　　　　　　　　◎ 未定
　　　　　　　　　　　　この選択によって利用できる機能が制限されることはありません。

　　　　　　　　　　［ LINE公式アカウント 利用規約 ］
　　　　　上記の利用規約にご同意の上、[確認]をクリックしてください。

　　　　　　　　　　　　　　　確認

アカウント情報の各項目を記入し、大業種と小業種からそれぞれ該当する業種、運用目的、主な使い方を選択します。最後に「LINE公式アカウント利用規約」に同意のうえ［確認］ボタンをクリックします。

なお、ここで入力するアカウント名がLINE公式アカウントの正式な
アカウント名称となります。

　未認証アカウントの場合は後から名称変更が可能ですが、認証済ア
カウントの場合は名称の変更が難しいため、この時点でしっかりと決
めておきましょう。

❺［入力内容の確認］で［完了］を選択する

入力内容の確認

アカウント情報

アカウント名	CREA SHOP
メールアドレス	info@creastyle-web.com
会社・事業者の所在国・地域	日本
会社・事業者名	株式会社 CREA STYLE
業種	ファッション・衣料品
運用目的（複数選択可）	お店を知ってもらいたい、興味を持ってもらいたい 来店してもらいたい、リピーターになってもらいたい
主な使い方	メッセージ配信用

［ キャンセル ］ ［ 完了 ］

※作成したアカウントは自動的にLINEの友だちに追加されます

入力した情報に間違い
がないか確認したら
［完了］ボタンをクリッ
クします。
※アカウント名・メー
ルアドレスはLINE Busi
ness IDに登録時のも
のが自動で入力されま
す。

❻ アカウント種別を選択する

[アカウント認証をリクエストする]または[あとで認証を行う]を選択します。

　認証済みアカウントにする場合は［アカウント認証をリクエストする］をクリックします。

　未認証アカウントのまま利用する場合、［あとで認証を行う］をクリックするとアカウント開設が完了します。

　認証済アカウントを申請する場合は［アカウント認証をリクエストする］をクリックして次のページへ進み、必要情報を入力して審査を申し込みましょう。

なお、認証済アカウントは未認証アカウント開設後、いつでも管理画面から申し込みが可能です。

　認証アカウントの申請方法を参考に、必要なタイミングで申請を行ってください。

LINEヤフー for Busines 認証アカウントの申請方法

Plan

CHAPTER-
4

Do

Check

ction

事前に
やっておくべき
LINE公式
アカウントの設定

アカウントの初期設定

SECTION 01 LINE公式アカウントの運用を開始する前に、いくつか設定するべき項目があります。まずは基本設定や情報の公開設定を行いましょう。

［アカウント設定］ページへアクセス

初期設定は［設定］＞［アカウント設定］のページで行います。

基本設定

　アカウント名は、アカウント開設時の情報がそのまま反映されています。ステータスメッセージやプロフィール画像を設定する場合はここで入力します。

```
基本設定
        アカウント名    CREA SHOP  ✎
    ステータスメッセージ       ✎
      プロフィール画像   編集
    プロフィールのプレビューを確認
```

■ アカウント名

　未認証アカウントの場合、アカウント名が変更できます。アカウント開設時に申請した名称で問題ない場合は、変更する必要はありません。

■ ステータスメッセージの設定

　アカウントの下に任意のメッセージを設定できます。

　ステータスメッセージはアカウントからユーザーへ伝えたいメッセージを記載しておく箇所になりますが、内容としては、

- ● ブランドやサービスのキャッチコピー
- ●「【店舗名】のLINE公式アカウントです」などの説明
- ●「お得なクーポン配布中！」などの案内

　このような内容を1〜2行で端的に記載します。

※ステータスメッセージのイメージ。

■ プロフィール画像の設定

　LINE公式アカウントのアイコン画像を設定します。画像としては、

- 発行者や代表者の顔写真
- 会社やブランドのロゴ・アイコン画像
- イメージキャラクターの画像

などがオススメです。

ここで設定したプロフィール画像は、トーク画面一覧やトークルームのメッセージ配信の際などに表示されます。

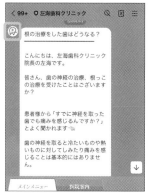

※プロフィール画像のイメージ。

■ プロフィールプレビューを確認

入力した内容を確認することができます（プロフィールページの編集もできます。詳しくは［プロフィール設定］で解説します）。

情報の公開

このパートは認証済・未認証で表示されるメニューが変わります。

認証済アカウントの例

情報の公開

認証ステータス	認証済
検索結果とおすすめに表示	◎ 表示 ◉ 非表示 あなたのアカウントがLINEの検索結果とおすすめの公式アカウントに表示されます。
他の公式アカウントのプロフィールに表示	◉ 表示 ◎ 非表示 他の公式アカウントのプロフィールであなたのアカウントをおすすめとして表示しない場合は、[非表示]を選択してください。設定を変更した場合、反映されるまでに最長2日ほどかかります。
位置情報	未設定 編集 ここで登録した住所は、アカウントやショップカードの検索結果などに表示されます。

■ 認証ステータス

未認証アカウントは、アカウント認証リクエストページに遷移します。未認証アカウントのまま運用する際は、この箇所を変更する必要はありません。

■ 検索結果とおすすめに表示（認証済アカウントの場合）

LINEの検索結果とおすすめの公式アカウントに表示したい場合は［表示］を選択します。

検索結果に自身のアカウントが表示される例。

81

■ 他の公式アカウントのプロフィールに表示

他の公式アカウントのプロフィールに表示したい場合は［表示］を選択します。

他のLINE公式アカウントのプロフィール欄に自身のアカウントが表示される例。

■ 位置情報

登録した住所はアカウント・ショップカードの検索結果に表示されます。未設定のままでも問題ありません。

機能の利用

グループへの参加可否やトークルームの設定を変更できます。

機能の利用

トークへの参加	● グループ・複数人トークへの参加を許可しない
	○ グループ・複数人トークへの参加を許可する
写真や動画の受け取り	● 受け取る
	○ 受け取らない

[受け取らない]を選択すると、アカウントのトークルームで写真や動画、音声、連絡先、位置情報、ファイルの送信機能がオフになります。設定を変更した場合、トークルームに入り直すと設定が反映されます。

■ トークへの参加

グループや複数人トークへの参加を許可するか否かが選択できます。基本的には［許可しない］で問題ありません。

■ 写真や動画の受け取り

［受け取らない］を選択すると、アカウントのトークルームでユーザー側から写真や動画、音声などのコンテンツの送信ができなくなります。ユーザーからコンテンツを積極的に受け取る運用をしない場合はオフで問題ありません。

アカウント情報

アカウント開設時に入力した内容が反映されています。ここでは、プレミアムIDの購入やプランの変更を行うことができます。

アカウント情報

ベーシックID	@030zwwfn
プレミアムID	未設定 プレミアムIDを購入 プレミアムIDを購入すると任意のIDを設定できるため、アカウントがより見つかりやすくなります。
プラン	コミュニケーション プランを変更
会社・事業者の所在国・地域	日本 編集 ここで設定した国・地域は、ユーザーが閲覧できるページ（アカウントのプロフィールなど）に表示されます。
運用の目的	お店を知ってもらいたい、興味を持ってもらいたい，来店してもらいたい、リピーターになってもらいたい 編集

※プレミアムIDの詳細は68ページで解説しています。
なお、会社・事業者の所在国・地域が未設定で空欄になっている場合は、かならず自身の地域を設定しましょう。

プロフィールページ設定

企業やブランドの基本情報を掲載できます。ユーザーが友だち追加するときに訪れるページでもありますので、興味を持ってもらえるように魅力的な内容にしましょう。

プロフィール設定ページへのアクセス方法

基本設定の［プロフィールプレビューを確認］をクリックすると、プロフィールページを編集できます。

プロフィールページのテンプレート

　プロフィールページは、業種に合わせて［ベーシック］［店舗］［販売促進］［ビジュアル］の4種類のテンプレートが選択できるようになっています。

　画面右上のアイコンの一番左をクリックするとテンプレート選択画面が開きます。

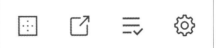

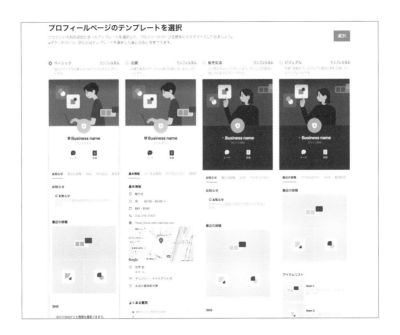

パーツを追加

　［基本情報］に複数のパーツを追加しカスタマイズが可能です。パーツを選択した後、各パーツの情報を編集できます。不要なパーツは削除も可能です。

上部設定

プロフィールページの背景画像や表示するボタンをカスタマイズできます。

■ 背景画像の設定

プロフィールページ上部のアイコンの背景にお好みで画像を設定できます。

■ アカウント設定

アカウント開設時に設定したアカウント名が入力されます。アカウント設定メニューから編集も可能です。

■ 追加情報

プロフィールページにLINE VOOMのフォロワー数を表示する場合はチェックを入れます。

■ ボタン

［クーポン］［予約］［通話］などの項目から最大3つまで設定できます。

自由記述パーツを使ってクーポンを訴求した例。

アイテムリストと基本情報パーツを使った例。

ショップカードとよくある質問パーツを使った例。

　背景色・フッターボタンを好みの色に変更できます。デフォルトは、背景色が白、フッターボタンが緑に設定されています。

　フッターボタンのテキストはデフォルトで［友だち追加］となっていますが変更が可能です。3つまで選択可能で、複数選択した場合はテキストがランダムに切り替わります。

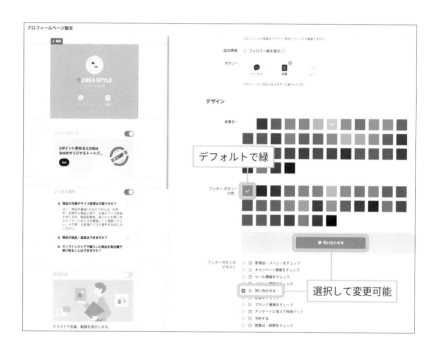

4 応答設定

チャット（1対1トーク）・あいさつメッセージ・自動応答などのオン・オフ設定を変更できます。

［応答設定］ページへアクセス

応答設定は［設定］＞［応答設定］のページで行います。

ホーム　分析　チャット　プロフィール　LINE VOOM　拡張機能　収益化　　　　　　　　　　　　　　　　　　　⚙設定

設定
　アカウント設定
　権限管理
　応答設定
　Messaging API
　登録情報
利用と請求
　ダッシュボード
　月額プラン
　プレミアムID
　お支払い履歴
　お支払い方法
　キャンペーンコード
　インボイス情報
収益
　ダッシュボード

応答設定

応答機能

　チャット ●
　あいさつメッセージ ●
　Webhook

チャットの応答方法

　応答時間 ●
　応答方法　応答時間内
　　　　　　◉手動チャット
　　　　　　手動チャット＋応答メッセージ

　　　　　　応答時間外
　　　　　　応答メッセージ

■ チャット

チャット（1対1トーク）機能のオン・オフが選択できます。

オフにすると管理者側はチャット欄が閲覧できなくなりますが、ユーザー側からはチャットの送信ができる状態となりますので注意しま

しょう。

■ あいさつメッセージ

　ユーザーから友だち追加された時に自動的にメッセージを送信できます。基本的にあいさつメッセージはオンにしておくことを推奨します。

■ Webhook

　Messaging APIを利用して機能拡張ツールやミニアプリを連携する際にオンにすることがありますが、それ以外の場合はオフのままで問題ありません。

■ 応答時間

　主に店舗でLINE公式アカウントを利用する場合、営業時間を設定しておくことで応答方法を切り替えることができます。
　営業時間を設定する場合は、[応答時間の設定画面を開く] をクリックすることで設定ページに遷移します。

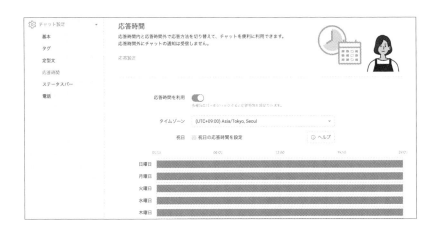

　各曜日のバーをクリックすることで、営業時間を設定することができます。（ゴミ箱マークをクリックすることで休業日の設定も可能です）。

　なお、同じ画面内の［ステータスバー］のタブでは、時間帯によってLINE公式アカウントのトーク画面に表示するテキストを設定することができます。

　設定は必須ではありませんが、常にステータスメッセージを表示させたい場合は、［ステータスバーを表示］をオンにしてください。

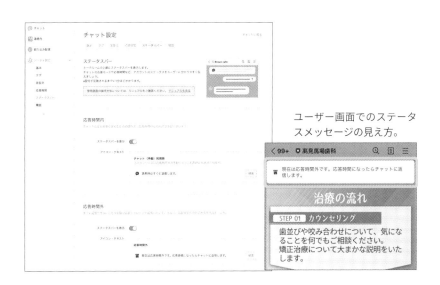

ユーザー画面でのステータスメッセージの見え方。

■ 応答方法

　ユーザーからのメッセージに対して、手動のみで返信を行うか、自動応答も併用するかを選択できます。自動応答を利用する場合は［手動チャット＋応答メッセージ］を選択しましょう。

4 月額プランの選択

SECTION
04
アップグレードやダウングレードなど利用プランの変更ができます。プランを変更する際は、事前に支払い方法の登録が必要です。

利用プランの設定

利用プランの設定は［設定］＞［利用と請求］＞［月額プラン］のページで行います。

本書30ページを参考に、ご自身にあったプランを選択してください。

あいさつメッセージの設定

あいさつメッセージとは、友だち追加時に自動で送信されるメッセージです。4つのテンプレートから選べるほか、オリジナルのあいさつメッセージを作成する事も可能です。

メッセージの設定

管理画面の［ホーム］より［トークルーム管理］＞［あいさつメッセージ］へ進みます。

テンプレートを利用する場合は［メッセージ設定］＞［テンプレート］を選択。

メッセージは次の4つのテンプレートから選択できます（デフォルトは友だち追加）

テンプレート1：友だち追加

テンプレート2：クーポン

テンプレート3：トークで予約

テンプレート4：お問い合わせ受付

　テンプレートを追加した後、あいさつメッセージを編集し、［変更を保存］をクリックすることで、あいさつメッセージの設定は完了です。文章入力画面の下にある［＋追加］ボタンをクリックすると2つ目の吹き出しを追加することができます。

　なお、［メッセージ設定］の下にあるアイコンで、テキスト以外にも送信するコンテンツが選択可能です。

オリジナルメッセージの作成ポイント

　あいさつメッセージは、デフォルトで用意されている文面のままでもよいですが、オリジナルのあいさつメッセージを作成し、ユーザーとの距離感をグッと縮められると理想的です。ここでは作成の考え方やポイント、業種やメッセージタイプごとの参考例をお伝えします。

■ ユーザーのニーズと一貫性を持たせる

　ユーザーがLINE公式アカウントを友だち追加するのには、必ず理由があります。

- 利便性やお得さなど、何かしらのメリットを期待して
- ブランドやサービスのファンであり、繋がりを求めて
- 最新情報や限定情報を確実に受け取るために
- 何かしら抱えている問題があり、それを解決するため
- 何かしら達成したい目的があり、そのヒントを得るため

このような理由がありLINE公式アカウントを友だち追加していることになりますので、あいさつメッセージではニーズに答えられることをあらためて伝えておく必要があります。

　そのうえで、あいさつメッセージに入れたい要素は以下になります。

- 友だち追加のお礼とあいさつ
- 自社、または自社サービスのコンセプト
- 問題提起やニーズの掘り起こしからのオファー（来店誘導や商品の提案など）
- LINEを読むことのメリット（配信内容についてなど）
- プレゼントやクーポンの告知・案内
- リッチメニュー利用の誘導

　状況に応じて上記の中から必要な要素を選択する形になります。必ず全てを入れ込まなければいけないというわけではありませんので、アカウントに適した必要な要素を使いメッセージを作成しましょう。

美容サロンのあいさつメッセージ例

友だち追加ありがとうございます！

『（店名）』です♪

当サロンでは、

☆　目元エイジングケア対策
☆　ストレス解消と美容を兼ねた全身エステ
☆　筋膜リリースによる美容整術

など、トータルビューティーをご提供しています。

このLINE公式アカウントでは、

☑ 各店舗からご案内
☑ 新メニューのモニター募集
☑ 美容業界の最新トレンド

などを中心に、

「お客様一人ひとりが、美しさを深めることで人生に新たな色を加える
お手伝いをしたい」

という想いで日々の美容ケアをはじめとする様々な美に関する情報をご
提供していきます。

画面下のメニューから24時間いつでもご予約を承っておりますのでぜ
ひご活用ください。

カフェのあいさつメッセージ例

〇〇さま、こんにちは！
『(カフェ名)』です✨

当カフェでは、厳選された高品質のコーヒー豆を使用し、熟練バリスタ
が一杯一杯丁寧に淹れるこだわりのコーヒーをご提供しています☕🌿

このLINE公式アカウントでは、

🆕 新メニューやイベント情報
☕ コーヒーに関するお役立ち情報

などをお届けします！

さっそくですが、友だち追加記念として、

＼全品10％OFFクーポン／

をプレゼントします🎁！

ぜひこの機会にご利用ください😊

※クーポン

『(クリニック名)』です。友だち追加ありがとうございます。

当クリニックでは、予防歯科に力を入れ、患者様のお口の健康を長期的にサポートしています😄✨

・定期検診とクリーニング
・歯周病予防と治療
・審美歯科や矯正歯科

など、幅広い歯科サービスを提供しています📋

☑　歯や歯ぐきの痛み
☑　歯ぐきからの出血
☑　歯並びが気になる
☑　歯の色が気になる
☑　詰め物が取れてしまった

このようなお悩みがある場合は、お早めにお電話またはホームページからご予約ください。

————————————

☎：●●-●●●●-●●●●
WEB予約：URL

診察時間：9：00〜20：00
（水曜・祝日定休）

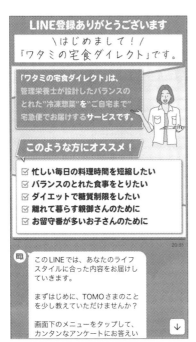

リッチメッセージを使ったあいさつメッセージ例。

カードタイプメッセージを使ったあいさつメッセージ例。

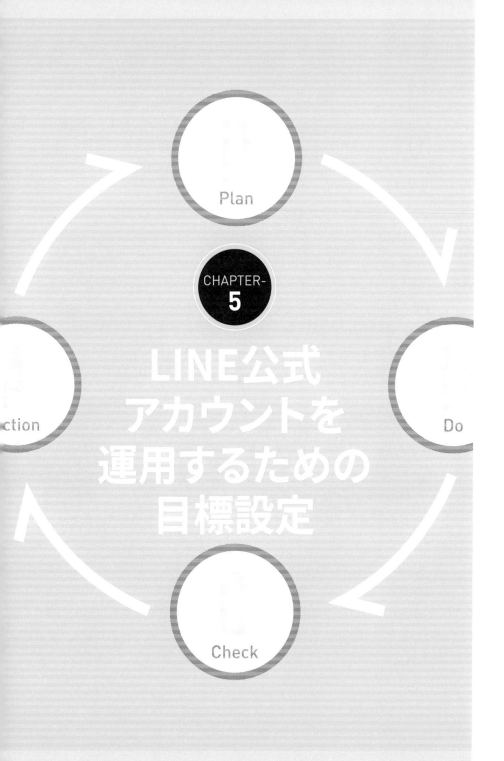

Plan

CHAPTER-
5

LINE公式
アカウントを
運用するための
目標設定

ction

Do

Check

運用にあたり もっとも重要なこと

5

SECTION
01 本格的な運用をスタートするにあたって、もっとも重要な目的設定。ビジネスモデルごとの例を参考に自身のケースを考えてみましょう。

LINE公式アカウント運用の目的や方向性を明確化する

　本書で何度かお伝えしている通り、LINE公式アカウントをビジネスに導入するにあたって最初に行うべきことは、「LINE公式アカウント運用の目的や方向性を明確化する」ことです。

　LINE公式アカウントは機能が豊富で何でもできてしまうがゆえに、使い方を間違えると、労力ばかりがかかり効果につながらないということもありますし、なにより「従量課金制度」が足かせとなり、費用対効果が合わなくなってしまうという懸念点も出てきます。

　同業他社のアカウントの見様見真似で運用を始めるのではなく、

- 何のためにLINE公式アカウントを導入するのか
- どの部分で、どのようにLINE公式アカウントを活用するのか

　この2点をしっかりと決めたうえで導入することが成功への第一歩になります。

　機能やテクニック論など、枝葉の部分だけに気を取られ、目的が曖昧なまま運用を始めてしまうことがないようにくれぐれも注意してください。

では、実際に目的をどのように明確化していくのかという点について解説していきます。目的設定とは「何のために」LINE公式アカウントを活用するのかを決めることです。

ビジネスモデルや業種、商品・サービスの特性や事業の規模感などによって、LINE公式アカウントを活用して達成したい目的はさまざまかと思いますが、

- 見込みのお客様を集める＝集客
- お客様に価値を届ける＝発信
- お客様に商品・サービスを提案する＝オファー
- 顧客との関係性を構築する＝CRM（顧客関係管理）
- 顧客のフォローアップを行う＝サポート

これらの観点はどのような事業を行ううえでも共通した目的になるかと思います。

自身のビジネスに当てはめ、集客や売上アップを図ったり、業務効率化を行うためにLINE公式アカウントをどのように活用するのか考えてみましょう。

■ 店舗ビジネスの場合の主な目的

- 多額の広告費をかけなくても集客できる仕組みを作りたい
- キャンペーンやセールなどの告知を確実に届けたい
- 既存顧客のリピート率を上げるために定期的に情報を配信したい
- WEBから気軽に予約できる仕組みを作って予約数を増やしたい

101

- 店舗アクセスや営業日などについての問い合わせ入電を減らしたい
- 混雑状況や待ち時間などをリアルタイムで配信し、顧客体験を向上させたい
- 店舗の雰囲気が伝わる発信を行い、店舗のファン化を図りたい

■ EC通販ビジネスの場合の主な目的

- CRMを強化し、定期購入商品の継続率を改善したい
- お試し商品購入者へのアップセルを強化し、LTV（顧客生涯価値）を上げたい
- サポート対応を効率化し、コールセンター業務のコストをカットしたい
- 既存顧客へ定期的にクロスセルやまとめ買いの案内がしたい
- 休眠顧客に対してアプローチを行い定期購入の再開につなげたい
- 商品の使い方などの情報を提供し、顧客満足度を高めたい
- 購入検討中の顧客に対して購入促進メッセージを配信したい

■ オンラインビジネスの場合の主な目的

- 自動的に売上が上がる仕組みを作りたい
- 見込み客と良い関係性を構築し、サービスの成約につなげたい
- 見込み客にとって価値ある情報をできる限り確実に届けたい
- 商品購入者とコミュニケーションが取りやすい媒体を用意したい
- セミナーや説明会、個別相談の申し込みを安定化させたい
- 新サービスや新商品のローンチ時に、効果的な告知を行いたい
- サービス購入の見込み度が高い方を、1対1でフォローしたい

これらはビジネスを伸ばすための施策としてごく一部となりますが、このように「自身のビジネスで課題を感じている部分」を挙げ、理想の状態を思い描くことで、LINE公式アカウントの活用で達成したい目的が見えてくるはずです。

　ポイントは「頭の中で考えるだけでなく、しっかりと全て書き出すこと」です。慣れないうちは、LINE公式アカウントで解決できる課題以外が混ざってしまっても問題ありません。できるかできないかは度外視して、まずは課題を書き出して整理してみましょう。

マーケティングの導線を整理しよう

　次に行うことはビジネスのマーケティングフローの中でLINE公式アカウント活用の位置付けを決めることです。LINE公式アカウントを「どの部分で」活用するかの部分に当たります。

　マーケティングフローとは「お客様に商品・サービスを届けるまでの流れ」のことを指しますが、具体的に言うと「集客」「関係性構築」「来店誘導（オファー）」「フォローアップ」「リピーター化」など各プロセスにおいて、

- どの媒体でLINE公式アカウントの友だちを集めるのか
- アプローチするタイミングや内容、配信の回数はどうするか
- 他のSNS媒体との使い分けや役割分担はどうするか

などの観点から全体像をまとめたフロー図のようなものになります。

　この図のように、とても簡単な図で構いません。自身のビジネスにおけるお客様の行動プロセスやマーケティングの流れが視覚化できるようなレベルであれば問題ありません。

　昨今では多くのSNSで気軽に発信できるようになった背景もあり、「SNSを運用すること自体が目的」にすり替わってしまっているケースも散見されますが、本来はそうではありません。各媒体の導線が崩れてしまっている場合は大きな成果につながりませんので、しっかりとマーケティングフローを作ることを意識しましょう。

LINE公式アカウント運用の3ステップ

5

目的と方向性を決定したら、いよいよ実践スタートです。LINE公式アカウントを運用して大きな結果につなげるための3つのステップを解説します。

【ステップ1】目的に合わせて運用の計画を立てる

　物事で結果を出すためには【PDCAサイクル】を回すことが重要だとよく言われますが、LINE公式アカウントの運用に関しても同じことが言えます。運用を始める前に、PDCAの「P（Plan）」＝計画を立てましょう。

【ステップ2】友だちリストを集める

　LINE公式アカウント運用における「D（Do）」＝実行に当たる施策は「友だち」を集めるところから始まります。できる限り見込み度の高いお客様にLINE公式アカウントの友だちになってもらうため、工夫を凝らしながら友だち集めの取り組みを行いましょう。

【ステップ3】運用を行い集客や売上につなげる

　友だち集めと並行して、計画に沿った配信や運用を行っていきます。運用を行いながら定期的に「C（Check）」＝数値検証・分析を行い、「A（Action）」＝改善・実施をしていきましょう。

　このように、LINE公式アカウント運用の3ステップの手順でPDCAサイクルを回していきましょう。

この後の解説を一つひとつ確認しながら実践していきましょう。

LINEマーケティング成功の3ステップ

3 運用を行い
集客や売上につなげる

2 友だちリストを
集める

1 目的に合わせて
運用の計画を立てる

Plan
計画

Action
改善

PDCA
サイクル

Do
実行

Check
評価

目的に合わせて運用の計画を立てる

5

SECTION
03

新規集客、リピート施策、顧客満足度アップなど、自身のビジネスの課題に合わせてLINE公式アカウント運用の目的を明確にし計画を立てていきましょう。

主な施策と活用する機能

LINE公式アカウントの計画で決めるべきことは、大きく分けて次の3つです。

1. 施策に応じて活用する機能を決める
2. 配信トピックとスケジュールを決める
3. 改善のために分析する数値を決める

まずは「施策に応じて活用する機能を決める」という点について見ていきましょう。

- 店舗ビジネスであれば、新規顧客に対して来店誘導や店舗アクセスの案内、リピーターに対して予約や問い合わせの利便性を高めるナビゲーションツールとしてLINE公式アカウントを活用する
- EC通販ビジネスであれば、商品購入者に対するフォローアップ施策（CRM）を強化したり、定期購入顧客へクロスセルやアップセルを行うためのメッセージ配信ツールとしてLINE公式アカウントを活用する
- オンラインビジネスであれば、定期的な情報発信によって顧客と信頼関係を構築したり、見込み客集めからセールスまでの自動化を行うためのステップ配信ツールとしてLINE公式アカウン

107

トを活用する

　上記のような目的があった場合、これをLINE公式アカウントの機能と合わせ、行う施策の計画を立てます。例えば、店舗ビジネスの場合は以下のようなイメージです。

■ リッチメニューを活用する施策

- 24時間いつでも予約できるような状態を作る
- 店舗へのアクセスがいつでも見られるような状態を作る
- リピート対策のショップカードをリッチメニューに設置する
- 営業時間・休業日の案内に常時アクセスできる状態を作る
- 体験レッスンや予約などの申し込み受付を促進する
- チャットや電話で問い合わせができるようにする
- サービス案内資料をいつでもダウンロードできるようにする

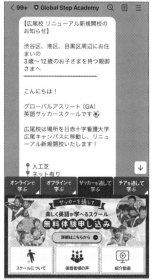

- 来店したことがないユーザーに対しての初回来店誘導
- 既存顧客との関係性構築のために有益な情報を届ける
- 来店後に必ずお礼メッセージを送信する
- 新商品や限定商品の案内を確実に届ける
- 定期的にイベントやキャンペーンの告知を行う
- 店長やスタッフの紹介を行いファン化につなげる
- 臨時休業などでお客様に迷惑をかけないよう事前告知を行う

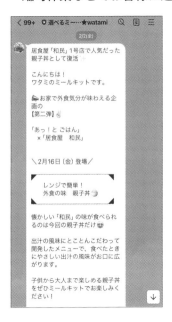

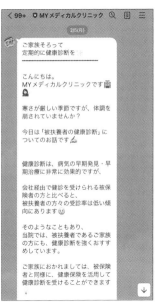

- LINE公式アカウント追加時に割引クーポンをプレゼントする
- アンケートに答えてくれた人にだけにクーポンを配布する
- 限定性やリアルタイム性のあるクーポンを配布する
- 毎月抽選で当たるクーポンを発行しLINE公式アカウントのブロック率を軽減する
- 2回目の来店時のみ利用できるクーポンを発行し再来店率を上げる
- 雨の日クーポンや季節限定クーポンで閑散期やアイドルタイムをなくす
- 不定期にゲリラクーポンを発行しサプライズを演出する

ビジネスの課題に合わせてLINE公式アカウントの目的を設定したうえで、活用する機能も加味しながら施策を書き出してみると、「どのような形で運用すれば良いか」というイメージが湧いてくるはずです。

　LINE公式アカウントには多くの機能が備わっているため慣れないうちは混乱してしまいがちですが、全ての機能を使いこなす必要はありません。有効な機能はビジネスモデルや活用目的によっても変わってきますが、基本的には以下の機能を中心に使うのがオススメです。

■ 店舗ビジネスで優先度が高い機能

1. リッチメニュー
2. メッセージ配信
3. クーポン
4. チャット
5. リッチメッセージ

■ EC通販ビジネスで優先度が高い機能

1. リッチメニュー
2. ステップ配信
3. リッチメッセージ
4. カードタイプメッセージ
5. メッセージ配信

■ オンラインビジネスで優先度が高い機能

1. ステップ配信
2. メッセージ配信
3. 応答メッセージ
4. リッチビデオメッセージ
5. チャット

　行う施策が決まったら配信トピックやスケジュールも決めておきましょう。あらかじめ内容を決めておくことで、目的から逸脱することなく運用を行うことができます。また、行き当たりばったりの運用を防ぐためには、配信スケジュールを立てておくことが必須となります。

　特に店舗スタッフが複数人でLINE公式アカウントを運用する際は、これらを決めておくことで、スタッフによって配信内容にバラつきが出ることなく、一貫性が保てるようになります。

　ここで計画しておくことは、

- 月間で何通の配信を行うか
- どんな内容を配信するか
- いつ配信するか
- それぞれの配信の目的は何か
- 誰に対して配信するか（オーディエンス）

　大きく分けるとこれらのポイントになりますが、それに伴うタスクまで出しておくことができると理想的です。

　もちろん、店舗の状況や戦略は日々変化することが想定されますが、あくまで仮の内容でも良いので配信トピックやスケジュールは決めておきましょう。しっかりと計画を立てておくからこそ、イレギュラーな案件が発生した場合に配信トピックを差し替えたり、配信日を変更するなど、臨機応変に対応することができます。

【参考例】アイラッシュサロンの配信計画

	週	配信日	トピック	目的	オーディエンス
1ヶ月目	第1週	5月7日	施術の効果に関するQ&A	オススメの来店頻度を伝え、来店予約促進	顧客
	第2週	5月14日	施術の持ちを良くするためのセルフケア	自宅でできるケア方法を発信し顧客満足度を上げる	顧客
	第3週	5月21日	まつ毛ケア商品の案内	客単価アップ施策・オンラインショップの売上向上	全セグメント
	第4週	5月28日	まつ毛のトレンド、まつ毛のポイントメイク	お役立ち情報の提供で信頼関係構築	全セグメント
2ヶ月目	第1週	6月4日	なぜ毎日のお手入れが重要か（啓蒙）	ケアの重要性を伝え再来店につなげる	顧客
	第2週	6月11日	店舗の想い・オーナーメッセージ	読者の共感を得てファン化につなげる	全セグメント
	第3週	6月18日	新メニューの告知	読者の期待を高めるためのティーザー	全セグメント
	第4週	6月25日	新メニューの予約かいし案内	メニュー公開、予約数・売上アップにつなげる	全セグメント
3ヶ月目	第1週	7月2日	美容の悩みに対するアドバイス	ファン化・信頼関係構築	全セグメント
	第2週	7月9日	来月予約受付のリマインダー	予約・リピート率アップ	全セグメント
	第3週	7月16日	新メニューを体験したお客様の声	新メニューに対して興味度を上げる・予約獲得	全セグメント
	第4週	7月23日	友達紹介キャンペーンの案内	既存顧客を通じて新規顧客を獲得	顧客

■ タスク

- セルフケア方法の動画撮影
- 商品案内バナー作成
- 新メニューローンチ日の確認
- 新メニュー案内バナー作成
- 予約カレンダーの確認と準備
- お客様インタビューの準備と実施
- 友だち紹介キャンペーンの企画と準備

※ 上記に加え、各メッセージ作成のタスクとスケジュール

5 計画を達成するための KPIを設定しよう

SECTION
04

LINE公式アカウント運用の計画を立てる際には、施策を決めること以外にもう一点重要なことがあります。それが「改善のために分析する数値を決める【KPI】設定」です。

KPI（ケーピーアイ）とは

　KPIは「Key Performance Indicator」の略で、直訳すると「重要業績評価指標」となります。ビジネスやプロジェクトを行う際に、目標達成に向けて、どの程度進んでいるかを測るための指標となり、たとえば、売上高・リピート率・顧客満足度など、その目標に応じた具体的な数値や率がKPIになります。

　もう少し簡単に言うと、KPIは「ビジネスを成功させるための目標数値」と捉えても問題ありません。

LINE公式アカウント運用で設定したいKPI

　LINE公式アカウントを運用する際の代表的なKPIは以下の項目になります。

■ 友だち数

　店頭、ホームページ、広告、SNSなどからQRコードを読み込んだり、URLをタップしてLINE公式アカウントを友だち追加したユーザーの数を指します。

■ ブロック数

　LINE公式アカウントを友だち追加したユーザーが何らかの理由で配

信停止（ブロック）した数を指します。

■ 有効友だち数

　LINE公式アカウントを追加した全ユーザーからブロックしたユーザーを除いた数を指します。実際にメッセージの送信やチャットを行える対象は「有効友だち」だけになります。

■ 配信数

　LINE公式アカウントから送信したメッセージの回数×送信した友だちの数です。LINE公式アカウントでは、最大3つの吹き出しまでを1通として送信できます。

■ 開封数・開封率

　開封数は、送信したメッセージをトークルームでユーザーが開封した回数。開封率は送信したメッセージが開封された割合を指します。

■ クリック数・クリック率

　クリック数は、メッセージ内のリンクやボタンが実際にタップ（クリック）された回数。クリック率は、送信したメッセージ数に対してどれだけの割合でタップ（クリック）されたかを示した数です。

※開封した人の中でのクリック率を計測したい場合は、クリック数÷
　開封数＝開封からのクリック率となります

■ コンバージョン数

　LINE公式アカウントを介して行われた特定の目標行動（例えば、商品の購入／サービスの申し込み／問い合わせ／予約など）の達成回数を示した数を指します。

　その他、注力している施策に関しては数値を取得・分析することを推奨します。

クーポン：クーポン毎の開封者数（ユニークユーザー）や使用率
ショップカード：ショップカードの発行数（獲得数）、使用ユーザー数
友だち（流入経路）：友だち追加経路ごとの友だちの追加数、属性情報

			○月						○月				
			1週目	2週目	3週目	4週目	5週目	月間計	1週目	2週目	3週目	4週目	5週
LINE	友だち増加数	目標											
		実数											
		達成率											
		伸長率目標											
		伸長率実績											
	ブロック数	目標											
		実数											
	有効友だち増加数	目標											
		実数											
		達成率											
	有効友だち総数	目標											
		実数											
		達成率											
	配信通数	予定											
		実績											
	総配信数	実績											
メッセージ評価	開封率	目標											
		実数											
		達成率											
	クリック率	目標											
		実数											
		達成率											

Plan

CHAPTER-
6

Do

ction

Check

LINE公式
アカウントの
コンテンツ
制作と運用

コンテンツ制作と
運用の考え方

SECTION 01 LINE公式アカウント運用の3ステップのうち、「コンテンツ制作と運用」について、3つの施策をお伝えします。

必ずやるべき！　3つの施策を押さえよう

　LINE公式アカウントには多くの機能があり、その全てを使いこなしながら運用を行おうと考えると、混乱してしまったり本来の目的を見失ってしまうこともあるので要注意です。

　実際に、LINE公式アカウント運用で成果を出すために最低限押さえておくべき施策は3つしかありません。

１．成果につながるリッチメニュー活用
２．友だちを集める
３．反応を高めるための有益な配信

　本章では上記の3つの施策を中心に、具体的な運用方法と気をつけるべきポイントについて、お伝えしていきます。

LINE公式アカウント運用で必要なコンテンツ

　LINE公式アカウントを開設して運用の計画を立てたら、すぐにでも友だち集めを始めたくなると思いますが、その前に、まずは運用初期に必要となるコンテンツを準備しておきましょう。

　LINE公式アカウントの運用を行ううえで必要になるコンテンツは大きく分けると「テキスト（文章）」と「画像」の2種類だけです。運用に慣れてきたら「動画」の活用もオススメです。

> テキスト（文章）
>
> あいさつメッセージ／配信メッセージ／自動応答メッセージなど
>
> 画像
>
> リッチメニュー画像／クーポン画像／リッチメッセージ画像／カードタイプメッセージ用画像／LINE VOOM用画像など

　上記の中で、運用開始前に必ず用意しておきたいのは「あいさつメッセージ」と「リッチメニュー画像」です。

　あいさつメッセージは93ページを参考に作成と設定を進めてみてください。

　それでは、3つの施策のうちの、成果につながるリッチメニューの活用から始めていきましょう。

成果につながる
6 リッチメニュー活用

SECTION
02 LINE公式アカウント運用で必ず活用したい機能の一つである「リッチメニュー」の作成方法や活用方法について詳しく解説していきます。

効果を最大化するリッチメニューの作成方法

　リッチメニューはLINE公式アカウントのトーク画面下部に表示される、ユーザーとの接触回数が非常に多い情報掲載ツールです。

　最大6つのエリアに誘導先のリンクを設置することができるため、ホームページのグローバルナビゲーションのような役割を果たしますが、ユーザーにとってはLINE公式アカウントから必要なコンテンツにいつでもアクセスできる非常に便利な機能になります。

　リッチメニュー各エリアの項目は、ビジネスモデルや業種、LINE公式アカウントの目的によってさまざま考えられますが、基本的な考え方としては、

- ユーザーの利便性を高めるもの
- ユーザーがLINEを開く理由につながるもの
- 常時訴求しておきたいコンテンツ
- 顧客に伝えたい情報を網羅する
- 問い合わせの窓口や顧客との接点として
- 自社ビジネスの課題解決につながるもの
- 自社のSNSや他メディアへの導線として

　このような観点で項目を決めていく形になります。特に訴求したい

コンテンツや優先度の高い項目がある場合は、できるだけ大きいエリアで設置できるテンプレートを利用することになるため、必ずしも6つの項目を用意しないといけないわけではありません。

　以下、ビジネスモデルごとのリッチメニューイメージと推奨するエリア項目を紹介しますので、ぜひ参考にしてください。

店舗ビジネスのリッチメニュー

項目候補

- 店舗アクセス（店舗検索）
- 新着商品一覧
- サービス紹介（メニュー紹介）
- 予約・来店予約
- 限定キャンペーンの案内
- イベント・ワークショップのお知らせ
- お客様の声
- 人気商品・メニューランキング
- スタッフ紹介
- ギャラリー（店内紹介）
- よくある質問
- お問い合わせ
- 営業時間・臨時休業案内
- ショップカード・クーポン
- ホームページ・SNS
- 求人募集案内

6

項目候補

・オンラインショップ

・マイページ（会員登録）

・新着商品一覧

・カテゴリ別商品一覧

・キャンペーン案内

・口コミ・レビュー

・人気商品ランキング

・モニター募集案内

・ブランドの想いやストーリー

・カスタマーサポート

・よくある質問

・注文サイクル変更

・解約・再開申し込み

・クーポン

・ホームページ・SNS

・ご利用ガイド（はじめての方へ）

Flower Wreath 私たちについて

CHECK ⊘

毎月第3水曜日
カルチャー
定期レッスン
お申し込み随時受付

CHECK ⊘

スタート
クラス

初めての方向け

ベーシック
クラス

初級

ステップアップ
クラス

中級

マスター
クラス

上級

項目候補

・資料請求

・サービス一覧

・無料相談予約

・お客様の声

・キャンペーン案内

・セミナー開催一覧

・コース・プラン案内

・アンケート

・ポートフォリオ

・お問い合わせ

・よくある質問

・会社概要

・メルマガ登録

・求人募集案内

・ホームページ・SNS

・ブログ・メディア

リッチメニュー各エリアの項目が決定したら、今度は実際のレイアウト（配置）を決めていきます。リッチメニュー機能では10種類以上のテンプレートが用意されていますので、項目の数や内容によって最適なレイアウトを選択しましょう。

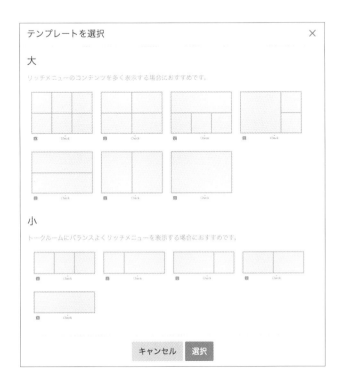

　なお、各項目の配置を決める際には、視線誘導の基本である【Zの法則】に従って優先順位を設定することを推奨します。

　Zの法則とは「デザインや広告において、ユーザーが画面上の情報をどのように視覚的に追っていくかを示す理論」です。その動きが英字の「Z」の形に似ていることからこの名前が付けられましたが、リッチメニューの作成にもこの理論を生かすことができます。

※Zの流れに合わせて順に優先順位を設定するのがセオリーですが、

次の図のように、最後に目が止まる右下エリアの優先度を高めるなども有効です

優先度 1	優先度 5	優先度 3
優先度 4	優先度 6	優先度 2

リッチメニュー画像の作成

　リッチメニューを設置するためには、まずメニュー画像を作成しておく必要があります。

　ファイル形式は【JPG、JPEG、PNG】のいずれか、ファイルサイズは1MB以下、画像サイズは次のようになります。

テンプレート（大）	テンプレート（小）
2,500px × 1,686px（高解像度）	2,500px × 843px（高解像度）
1,200px × 810px（中解像度）	1,200px × 405px（中解像度）
800px × 540px（低解像度）	800px × 270px（低解像度）

　画像はIllustratorやPhotoshopなど本格的なデザインツールを使って作成する方法のほか、CanvaなどのWEBサービスを利用する方法があり、デザインが苦手な方でも簡単にメニュー画像を作成できます。

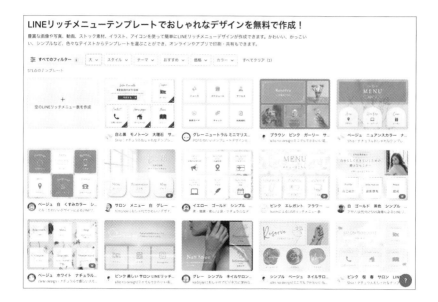

　Canvaは無料で利用できるデザインツールです。検索窓に［リッチメニュー］と入力して検索することで、多数のテンプレートが表示されますので、任意のテンプレートを選択しましょう。画像や文言を差し替えるだけで簡単におしゃれなリッチメニューが完成するためオススメです。

　また、リッチメニュー画像に関してはLINE社が公式に提供している【LINE Creative Lab】というツールでも作成することができます。自身が使いやすいツールを使用して魅力的なリッチメニュー画像を作成しましょう。

Canva

LINE Creative Lab

リッチメニューの設置方法

　リッチメニューは管理画面［ホーム］＞［トークルーム管理］＞［リッチメニュー］のページで設置します。画像ができあがっていれば、設置自体はとても簡単に行うことができます。

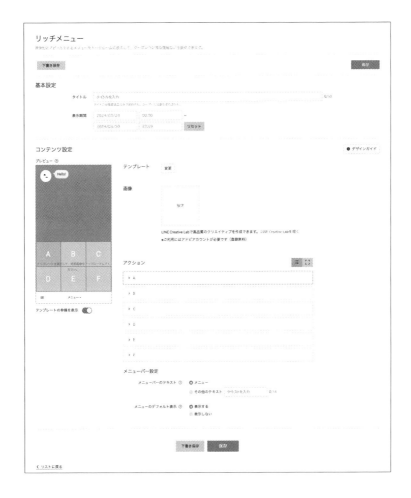

■ タイトル

　タイトルはユーザーに表示されないため、わかりやすい管理名を入

力しておきましょう。

■ 表示期間

　表示期間は、キャンペーンなど期間限定で表示させる場合には期間通りに設定します。

　そうでない場合は、通常メニューとして余裕を持った長い期間で設定しておくのがオススメです。無期限で表示させたい場合でも必ず期間を設定しておく必要があります。

■ テンプレート

　リッチメニュー大・小合わせ、10種類以上のテンプレートから選択できます。自身が決定したエリア項目と配置に合うテンプレートを使用しましょう。

■ 画像

　あらかじめ作成しておいたリッチメニュー画像をアップロードします。この場で1エリアずつ画像を作成することも可能ですがオススメしません。

■ アクション

　選択したテンプレートにより1つから6つの各エリアにコンテンツを設置できます。設置できるコンテンツは「リンク、クーポン、テキスト、ショップカード、設定しない」の5種類から選択できます。決定している誘導先に合わせて設置しましょう。

　また、「アクションラベル」は音声読み上げ機能に使用されます。入力必須項目のため、アクションの概要や説明などを記入しておきましょう。

6

■ メニューバーテキスト

　メニューバーのテキスト設定では、リッチメニューの表示・非表示を切り替えるボタンに記載する文言を変更できます。「メニューON／OFF」や「タップしてメニューを開く」など任意の文言に変更してもよいでしょう。特にこだわりがない場合はデフォルトの「メニュー」を選択したままで問題ありません。

■ メニューのデフォルト表示

　メニューのデフォルト表示では、ユーザーがトーク画面を開いた際のリッチメニューの初期表示が選択できます。基本的には「表示する」を推奨しますが、配信したメッセージを目立たせたいなどの理由がある場合は「表示しない」を選択してもよいでしょう。（「表示しない」を選択した場合もメニューバーをタップすることでリッチメニューが表示されます）

　上記を設定し終えたら、最後に［保存］をクリックすることでリッチメニューの設置は完了です。表示期間内の場合は、即時リッチメニューが反映されてユーザーのトーク画面に表示されます。

6 友だちを集める

SECTION
03
全ての準備が終わったら、いよいよ運用スタート！　友だち集めを始めるフェーズです。正しい方法や考え方を理解して、たくさんの友だちを集めましょう。

友だち集めはとてもシンプル

「LINE公式アカウントの友だち集めは難しい……」とイメージを持っている方もいるかもしれませんが、実際の作業工程としては、とてもシンプルです。

1. 友だち追加用のツールを準備する
2. 各種媒体に掲載して露出する

この2ステップだけで友だちを集めていくことができます。

■ ステップ1：友だち追加用のツールを準備する

LINE公式アカウントを友だち追加してもらうためには、友だち追加用のURL・QRコード・ボタンのいずれかが必要になります。これらはLINE公式アカウントの管理画面［ホーム］＞［友だちを増やす］＞［友だち追加ガイド］のページで取得できます。

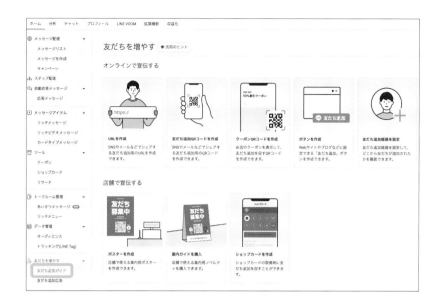

基本的には、

- メルマガの文面やSNSのプロフィール欄に掲載したい場合はURL
を取得して掲載する
- POPやチラシ、名刺などのオフライン媒体に掲載したい場合は
QRコードをダウンロードして掲載する
- ホームページやLP（ランディングページ）に掲載する場合は
URL、QRコード、ボタン全てが使えるため訴求に適したもの

という選択肢になります。

レベルの高いマーケティングを行いたい場合は、友だち追加経路を
判別するために、［友だち追加経路を設定］機能から、各経路ごとの
URLやQRコードを発行して運用するのもよいでしょう。

また、POPやチラシのデザインを作るリソースがない場合は、あら

かじめ用意されている［ポスターを作成］機能を使うことで、自身の
LINE公式アカウントのQRコードを反映した状態のポスターをワンクリ
ックで作成することができます。必要に応じて活用してください。

　なお、店舗で使える案内用ノベルティ［案内ガイド］は認証済アカ
ウントだけが購入できる有料のサービスとなりますので注意しましょ
う。

　いずれの場合も、当該ページで用意されているURLやQRコードを、
掲載したい媒体に貼るだけの作業になるため、難しい操作は一切必要
ありませんが、もし操作手順が心配な場合は公式サイトの「友だち追
加ガイド」を参考にしてください。

LINEヤフー for Busines
友だち追加ガイド

　このように、LINE公式アカウントの友だち集めは手順や準備だけを
みると非常にシンプルで、誰でも気軽に始めることができますが、「友
だちが増えるかどうか」に関してはまた別問題となります。

　ここからは、できるだけ多くの友だちを集めるためのポイントと各
ビジネスモデルの友だち集めの流れについて解説していきます。

友だち追加を増やすための5つのポイント

　LINE公式アカウントの運用がうまくいかない原因の一つに、「アカ
ウントを開設してみたけれど、全く友だちが増えない」という原因が
あります。

次の5つのポイントを押さえておくことで、友だち集めでつまずくことは少なくなりますので、ぜひ参考にしてください。

ポイント1. 友だち追加することで得られるメリットを提示する
ポイント2. 今すぐ友だち追加するべき理由を伝える
ポイント3. 友だち追加の手順やイメージをわかりやすく示す
ポイント4. 必ず友だち追加を促す・簡単さを訴求する
ポイント5. 露出度を増やす・運用フローを浸透させる

■ ポイント1. LINE公式アカウントに登録するメリットを具体的に示す

　ユーザーがLINE公式アカウントを友だち追加するのには必ず「理由」があります。逆にいうと、理由がなければLINE公式アカウントの友だちになるはずがないのです。当たり前のことに聞こえるかもしれませんが、実はこれがとても重要な考え方です。

　LINE公式アカウントを開設してURLやQRコードをただ貼っているだけの状態であったり、「LINE公式アカウント始めました！　友だち追加してください」と訴求しているだけでは、ユーザーは自身にとって「友だち追加すべき理由」がないため、LINE公式アカウントを友だち追加することはありません。

　では、ユーザーにとっての「理由」はどうすれば作れるのでしょうか。答えは非常に簡単です。
　それは、「LINE公式アカウントを友だち追加することで得られるユーザーのメリットをしっかりと提示する」ということです。

　「ユーザーのメリット」とは、大きく分類すると下記になりますが、

- 最新の情報が得られる
- プレゼントや特典が貰える
- 利便性が高まる
- 割引や優待がある
- 特別感や限定感を感じられる

　これらのメリットを提示しながら友だち追加の訴求を行うことで、追加率は一気に上がります。

■ ポイント2. 今すぐ友だち追加するべき理由を伝える

　人は「期限が決まっていないとなかなか行動できない」という特性があるため、どれだけ魅力的なメリットを提示しても「今度でいいか……」という感情が働き、その場での友だち追加に至らないケースが多々あります。

　そのため、LINE公式アカウントへの友だち追加を促す際は、メリットの提示とともに「今すぐ友だち追加するべき理由」を付け加える必要があります。

　具体的には、

- 今月中に友だちになっていただいた方にプレゼントを用意しています（期間限定）

- 今回の友だち追加キャンペーンは100人に達した時点で終了いたします（人数限定）
- 友だち追加で、その場で使えるクーポンをプレゼントします（即時利用限定）

このように、今すぐ友だちになるべき理由（限定性）を付け加え、LINE公式アカウントの友だち追加を訴求することで追加率が高まります。

もちろんこれは、アリもしない話を並べ立てて「ユーザーをあおる」ということではありません。あくまでも魅力的なメリットを提示したうえで、友だち追加する意思のあるユーザーに対し、行動の後押しをする意味で限定性や緊急性を訴求するということになりますので、その点は誤解のないようにしてください。

■ ポイント3. 友だち追加の手順やイメージを分かりやすく示す

LINE公式アカウントの友だち追加はURLをタップしたり、QRコードを読み込むだけで完了するため複雑な手順はないのですが、それでも「初めてのことで友だち追加の方法がわからない」というユーザーも一定数います。

そのため、友だち追加の手順を分かりやすく図解やキャプチャで示したり、口頭で丁寧に伝えることが必要になります。単純なことですが、これだけでも友だち追加率が高まりますので意識してみることをオススメします。

■ ポイント4. 必ず友だち追加を促す・簡単さを訴求する

さらにシンプルなポイントが「必ず友だち追加を促す」ということです。

主に店舗ビジネスでLINE公式アカウントを運用する場合、アカウン

トがあるにも関わらずスタッフがほとんど友だち追加を誘導していないというケースがありますが、店頭POPやチラシを掲載しているだけだと友だち追加数は最大化しないため、必ず口頭で誘導することを心がけましょう。

　なお、スタッフが誰も友だち追加をオススメしないという最大の理由は「LINE公式アカウントをお客様に勧めてもお客様にとってメリットがないから」という理由です。

　事前にしっかりと運用の計画を立て有益な情報を発信できる準備を整えたうえで、友だち追加時のメリット（特典）を用意しておくことで、上記の理由がなくなり、スタッフも積極的に誘導してくれるようになります。

　また、友だち追加を促す場合は「QRコードを読み取るだけ」「スマホ画面をタップするだけ」「10秒もかかりません」など、誰でも簡単にできることを伝え、ユーザーの心理的障壁を取り除いてあげることも有効です。

■ ポイント5. 露出度を増やす・運用フローを浸透させる

　こちらは根本的な問題となりますが、LINE公式アカウントの友だちを増やすためには、アカウントの存在をしっかりと示すことが何より

重要です。ホームページやSNS、店頭などあらゆる場所でLINE公式アカウントの存在とメリットをアピールし、友だち追加を促しましょう。

　露出の数が増えれば増えるほど、それに比例して友だち数は増加していきますので、最初は自社メディアや店内掲示で友だちを集めていき、運用の費用対効果が見え始めたら広告などの有料媒体も活用するといったように、段階を踏んでステップアップしていくのがオススメです。

　また、店舗ビジネスの場合は「受付時」「接客時」「会計時」などお客様と接するタイミングで直接声がけを行うような運用ルールを作り、日頃の業務フローの中にLINE公式アカウントの友だち追加誘導を組み込むことも有効です。

　ここで解説した5つのポイントは、行っているかいないかで大きく結果に差が出てくる重要なポイントになります。
　友だち集めはLINE公式アカウント運用の中で軸となる施策ですので、5つのポイントを全て取り入れて、たくさんの友だちを集めていきましょう。

友だち集めの流れ（ビジネスモデル別）

　友だち集めの流れはビジネスモデルによっても大きく変わってくるため、これまでにお伝えしたポイントを踏まえながら各ビジネスモデルの流れを簡潔に解説していきます。

■ 店舗ビジネス

　店舗ビジネスの場合は「既存顧客に発信を行うために店内で友だちを集める場合」と「新規集客のために店外で友だちを集める場合」で

流れが異なります。

　店内で友だちを集める場合は、友だち追加用QRコードを掲載した POPやポスターなどを作成し、顧客の来店時に友だち追加を誘導します。POPやポスターの掲示だけでは追加率は上がらないため、スタッフが必ず声がけを行い、直接口頭で追加を促すことが必須になってきますが、その際も「今日から使える割引クーポンをお渡ししています」「次回の予約やその確認・変更もLINEから簡単にできます」など、声がけの中で必ず「ユーザーのメリット」を提示することが重要です。

　一方で、新規集客のために店外で友だちを集める場合は、集客チラシや看板などのオフライン媒体に友だち追加用QRコードを掲載して告知したり、自社で運営するホームページやSNS、または外部ポータルサイト等のメディアに友だち追加用URLを掲載し露出することになります。

　既存顧客向けと見込み顧客向けでは、登録特典や発信内容を切り分ける必要が出てくることもありますので、その場合は流入経路別のQRコードを活用したり、別アカウントを併用するなど、セグメント別にマーケティングを実施するのもよいでしょう。

ポスターはWEB版管理画面から無料で簡単にダウンロードできる。※未認証アカウントの場合は、キャラクターの掲載はなし。

6

　EC通販ビジネスの場合も「既存顧客の友だちを集める場合」と「見込み顧客の友だちを集める場合」で流れが異なります。

　基本的に、EC通販ビジネスのLINE公式アカウント運用は「既存顧客向けのCRM」で活用することで、より大きな効果を発揮しますが、その場合は、

- 商品購入後のサンクスページやログイン後のマイページに友だち追加用のQRコードもしくはボタンを設置
- 商品の同梱物として友だち追加を促すチラシを封入する
- 注文確定メールや商品発送完了メール、またはステップメールで友だち追加を誘導する

　これらの接点でLINE公式アカウントの友だちを集めていく形になります。

　一方で、見込み顧客の友だちを集める場合は、店舗ビジネス同様に全ての自社メディアから友だち追加を誘導することに加え、「商品LP（ランディングページ）内に友だち追加ボタンを設置する」「カゴ落ちユーザー（商品購入に至らず離脱しようとするユーザー）に向けたポップアップで友だち追加を誘導する」なども効果的です。

■ オンラインビジネス

　オンラインビジネスの場合、基本的にWEB媒体を活用して友だち集めを行っていくことになりますが、いずれの媒体を活用する場合も、友だち追加用LP（ランディングページ）を作成したうえで、ホームページやブログ、各種SNSやYouTube、WEB広告からアクセスを誘導し

友だち追加を促します。

　具体的には、

- オウンドメディアやSNSを軸としたコンテンツマーケティング
- Googleを主としたリスティング広告とリターゲティング広告
- meta広告やInstagramの投稿の宣伝

　これらでアクセスを集め友だちを増やしながら、ステップ配信で無料相談や無料体験などのフロントエンドのオファーを行うまでがベーシックな流れとなります。

反応を高めるための有益な配信

SECTION
04

LINE公式アカウント運用でもう一つ軸となる施策がメッセージ配信です。ここでは、ユーザーの反応を高めるためのメッセージ配信方法や知っておくべき知識を解説します。

各ビジネスモデルの配信トピック例

LINE公式アカウントの運用において、メッセージ配信の戦略や内容はビジネスモデルや業種ごとに全く異なってきます。例えば、

- 店舗ビジネスでは、店頭施策に合わせたセールやキャンペーンのお知らせなどが中心となるため、リアルタイム配信を多く活用する
- EC通販では、CRM目的で活用するため、ブランドストーリーや関係性構築のための発信、またはアップセルやクロスセルオファーがメインとなる
- オンラインビジネスでは、ステップ配信でノウハウ提供とフロントエンドの誘導を行いながら、サービスラインナップに合わせたオファーを適宜行う

このような運用が多くなるかと思います。

　配信施策を行うフェーズでは、すでに自身のビジネスの課題が整理された状態で、LINE公式アカウントの目的も決まっているため、大まかな配信トピックは決まっている段階かもしれませんが、以下、各ビジネスモデルごとに有効となる配信トピックについて紹介しますので、配信計画を立てる際の参考にしてください。

店舗ビジネスの配信トピック例

- 新商品・新サービス・新メニューなどのお知らせ
- 商品やメニューに対するこだわりや他店にない強み
- ユーザーへの感謝の気持ちや自店が掲げる想い
- 店舗の営業時間や臨時休業のお知らせ
- 人気商品やサービスに対するユーザーの口コミ
- 店舗に対するお客様の声とそれに対しての返答
- お客様の体験談やインタビュー
- 商品の入荷情報・欠品情報
- 周年記念（アニバーサリー）の告知
- 特定の日や期間に実施する限定セールやイベントの案内
- 季節や祝日に合わせた特別メニューやサービスの紹介
- ポイント制度やリピーター特典などロイヤリティプログラムの案内
- ビフォー・アフターの紹介
- 施術事例や施工事例
- テレビ出演や雑誌掲載などメディア露出や受賞の報告
- スタッフ紹介・スタッフのプライベート発信

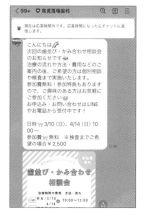

EC通販ビジネスの配信トピック例

- 商品の正しい使い方や保管・管理方法
- ユーザーの悩みに対するセルフケア方法
- 商品購入者の口コミや喜びの声
- 商品開発者の権威性を伝えるエピソード
- メディア掲載の告知やプレスリリース
- 商品と関わりのある成分の効果に関する知識
- 商品に込められた想いや開発秘話
- 企業・ブランドとしてユーザーに届けたい理念
- 商品について寄せられるよくある質問とその回答
- 限定割引や特別セール・キャンペーンの告知
- 同じカテゴリーや関連商品へのクロスセル提案
- 季節や気候に合わせた期間限定商品の紹介
- スタイリングやコーディネートなどの活用方法
- まとめ買い誘導や上位商品へのアップセル
- 新商品やメニューのモニター募集案内
- 休眠顧客に対しての特別オファーや再開誘導

オンラインビジネスの配信トピック例

- ユーザーにとって有益なノウハウ
- 限定オファーやプロモーションの案内
- 新サービスや講座の案内
- プランやコース詳細の紹介
- サービスアップデートや新機能の紹介
- 自社商品・サービス購入者の成果や実績
- ケーススタディや成功事例の共有
- 理念や価値観の発信
- ユーザーに対する問題提起や解決策の提案
- 業界の最新ニュースやトレンドの発信
- 世間のニュースに対する見解
- セミナー・イベント告知や募集
- ライブ配信やウェビナー視聴の案内
- コラボレーションや提携企業の紹介
- 自社の最新ニュースやプレスリリースの発信
- ユーザーから寄せられた質問とその回答

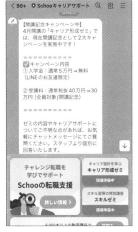

上記は各ビジネスモデルにおいて、売上や集客アップにつながる有効な配信トピックの代表的な例です。自身のビジネスに当てはめ、具体的な配信内容に落とし込んでいきましょう。

適切な配信頻度

　LINE公式アカウント運用でユーザーから大きな反応を得るためには、配信トピックやメッセージの内容と合わせ、配信頻度（スケジュール）まで気を配る必要があります。

　適切な配信頻度に関しても、ビジネスモデルや業種、配信内容のジャンルやユーザーとの距離感によって大きく変わってくるものですが、いずれにしても、発信者都合で考えるものではなく受け手が求めているものに沿って考える必要があります。
　分かりやすく例を挙げると、ユーザーが「毎日でも情報を届けてほしい」と感じるジャンルや配信内容であれば、毎日配信するのが理想的と言えますし、「何か新しい情報がある時、もしくは自分（ユーザー）にとってメリットがある場合にのみ、配信をしてもらいたい」という業種・業態であれば、月に2〜4回ほどの配信で十分ということになります。

　また、それと同時に、ユーザーがLINEで情報を受け取ることに慣れているか否かという点も、配信頻度を考える上で重要なポイントになってきます。例えば、メルマガやSNSなどで日々積極的に情報収集しているユーザー層に対しては、メッセージを毎日配信しても違和感なく受け入れてもらえる可能性が高いと言えますが、日頃プライベートでしかLINEを使っていないユーザー層であれば「毎日メッセージを送られるのはうっとうしい」と感じるユーザーが多いと考えられます。

それらを踏まえたうえで、配信頻度の目安は次の通りです。

■ 店舗ビジネス

配信は基本的に週に1〜2回程度が最適です。セールやキャンペーンなど期間限定のオファーがある場合は、その期間中に配信を集中させ、数日間連続で配信するなども問題ありません。

■ EC通販ビジネス

商品購入者へのフォローアップ（CRM）か、見込み顧客への購入誘導（新規獲得）かで大きく変わってきますが、前者の場合は月に6〜8回程度、後者の場合は週に1回程度の配信から月に1回程度へと、徐々に配信間隔を空けていくケースが多くなります。

併せてステップメールを配信している場合に関しては、LINE公式アカウントの配信通数を抑えてバランスを取るケースもあります。

■ オンラインビジネス

教育ビジネスやスクール事業を行っている企業でLINE公式アカウントを活用する場合は、平均すると週2回程度の配信を行うケースが多く、個人のコンサルタントやコーチ、カウンセラーなどに関しては、毎日配信を行うことも考えられます。

併せてステップメールを配信している場合に関しては、LINE公式アカウントとの棲み分けを考える必要がありますが、メールはステップ配信、LINE公式アカウントはスポット配信で活用するなどの使い分けをオススメします。

上記の配信頻度はあくまで目安となり、必ずこの頻度で送るべきと強制するものではありませんが、明確な配信頻度の基準ができるまでは上記を参考に運用してみてください。

開封率が高まる配信時間帯

　メッセージ配信を行うと、友だちになっているユーザーのLINEに即時プッシュ通知が届きますが、実際にユーザーがメッセージを開封できるタイミングは、時間に余裕のある、いわゆる隙間時間です。

　LINE公式アカウントは他のSNSと比較しても、配信直後に開封される割合が高いツールでもあるため、ユーザーがスマートフォンを触りやすい時間帯をあらかじめ想定して配信を行うことで、より高い確率で反応を得られるようになります。

　効果的な配信時間は自身のLINE公式アカウントのメインユーザー（友だちの中で最も多い層）に合わせる形となり、例えばメインユーザーが「サラリーマン」であれば、

- 通勤時間（6：00〜8：00）
- 昼休み（12：00〜13：00）
- 終業後（19：00以降）

メインターゲットが「主婦」であれば、

- 昼前（10：00〜11：00）
- 昼過ぎ（13：00〜14：00）
- 夜（20：00以降）

これらいずれかの時間帯が、反応を得やすい時間帯と言えます。

　上記はユーザーのライフスタイルを想定したうえでの、効果が見込める配信時間帯となりますが、もちろんそれ以外にも考慮すべきポイントがあります。

150

例えば店舗ビジネスの場合、週末の来店を促すためには「木、金曜日の夕方」がベストタイミングと言えるかもしれませんし、地域密着型の店舗であれば「当日の開店直前」の配信が有効になるケースもあります。

このように、配信の目的やサービスの特色によっても最適な配信タイミングは変わってくることを覚えておきましょう。

また、既にWEBサイトやSNSを運用している場合は、それらの媒体の分析を行い、WEBサイトへのアクセスやSNS投稿のインプレッションが高まる時間帯に合わせてメッセージ配信を行うと高い反応率が見込めます。

なお、どれだけ配信頻度や時間帯に気を配ったとしても、ユーザーにとって価値の低い情報を配信してしまうと、即ブロックに繋がってしまうのがLINE公式アカウント運用の難しさでもあります。

そのため、特にLINE公式アカウントの運用をはじめたばかりの初期段階では、

- **価値の高い情報 = ユーザーが求めている内容**
- **ユーザーのメリット = 割引クーポンや特典の配布**
- **新しく変化に富んだ情報 = キャンペーンや限定イベントの案内**

これらの内容を軸に、メッセージの配信トピックを構成していくことをオススメします。

最適な文字数の目安

LINE公式アカウントでは、1つの吹き出しに最大500文字までテキス

トを入力することができ、最大で3つの吹き出しを1通として同時送信することができます。つまり、1通で最大1,500文字のボリュームを送信することが可能ということになります。

1つの吹き出しに500文字いっぱいに詰め込み、ボリューム感のあるメッセージを配信すると、ユーザーがメッセージを読まずに離脱してしまう可能性が高いため、一般的には「ユーザーがLINEを開いたときにスクロールしなくても読める程度の長さ（200〜300文字程度）がベスト」と言われています。

ですが、特にオファーやセールスを伴う配信やイベント告知など、配信トピックによってはユーザーに届けなければいけない情報量が膨大になるケースもありますので、決して「短文でなければいけない」ということはありません。
　実際のところ、オファーやセールスの場合は800から1,000文字程度、しっかりと必要な情報を網羅して配信した方が大きな反応が出やすい傾向にあります。

文字数が多くなればなるほど、改行・空行や文字装飾を工夫するなど、ユーザーに読んでもらうための配慮は必要とはなりますが、必ずしも「LINEのメッセージは少ない文字数でなければならない」といった通説や固定概念にとらわれず、「価値のある内容であればしっかりと読んでもらえる。また、その価値が十分にある情報を配信している」

という認識を持って運用を行うことが重要です。

メッセージ配信の手順

　メッセージ配信は管理画面［ホーム］＞［メッセージ配信］＞［メッセージを作成］ページで行います。送信できるメッセージタイプについては37ページで解説していますので、ここでは管理画面の項目と手順について説明します。

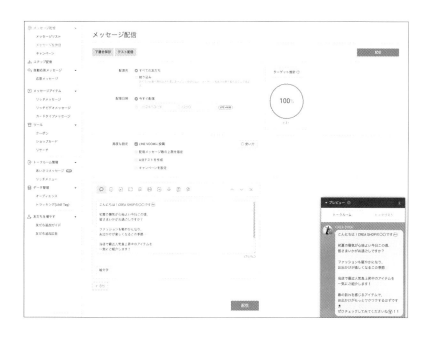

■ 配信先

　配信先を2通りから選択できます。LINE公式アカウントを友だち追加している全員（ブロックしたユーザーを除く）に配信を行う場合は［すべての友だち］を選択します。

　任意のユーザーを抽出して配信を行いたい場合は［絞り込み］を選

択し、絞り込み配信（オーディエンス配信）を行います。

　絞り込み配信（オーディエンス配信）では「メッセージを開封したことがあるユーザー」「メッセージ内のURLをタップしたことがあるユーザー」「性別や年代などの属性」など、行動履歴や属性でユーザーのオーディエンスをあらかじめ作成しておき、メッセージ配信の際に該当するオーディエンスを選択して配信を行うことができます。

■ 配信日時

　メッセージ設置後、即時配信を行う場合は［今すぐ配信］を選択します。日付と時間を設定することで予約配信を行うことも可能です。

■ LINE VOOMに投稿

　チェックを入れることでメッセージ配信の内容がLINE VOOMにも同時投稿されます。同時投稿できるのは1吹き出しで配信する場合のみで、A／Bテストや絞り込み配信を設定している場合などは利用できません。

■ 配信メッセージ数の上限を指定

　配信メッセージ数の上限を指定すると、指定した数の範囲の中で現在の友だちからランダムで配信されます。従量課金対策として配信予算を設定したい場合に利用します。

■ A／Bテストを設定する

　複数のメッセージ内容を作成し、特定の割合の友だちへそれぞれ配信することができます。複数のメッセージの内容に対して反応率をテストしたい時に利用します。

■ キャンペーンを設定

　1つのキャンペーンに対し複数のメッセージを設定しておくことで、キャンペーン全体の数値を集計することができ分析する際に役立ちます。キャンペーンはあらかじめ作成しておき、メッセージを配信する際に選択する形になります。

　いくつかの設定項目について説明してきましたが、基本的に［高度な設定］の箇所は触らなくても問題はありません。運用初期の頃は絞り込み配信を行う必要もありませんので、

1. ［すべての友だち］を選択する
2. ［今すぐ配信］を選択する
3. メッセージ入力欄にメッセージを入れる
4. 複数の吹き出しを使いたい場合は［＋追加］ボタンから吹き出しを追加する
5. ［配信］ボタンをクリックする

　このように、非常にシンプルな操作でメッセージ配信を行うことができます。

実践で生かせるライティングのノウハウ

　ここまでメッセージ配信について、配信トピック例や配信頻度と時間帯の目安、配信の手順などについて解説してきましたが、実際にメッセージを書く際に「どのように書けば良いのか」迷ってしまう方も多いかと思います。

　ここからは実践で生かせる「LINEライティング」のノウハウについ

CHAPTER.6　LINE公式アカウントのコンテンツ制作と運用

6

て具体的に解説していきます。

「ライティング」と聞くと、読みやすい文章の書き方や反応が取れる文章テクニックなどに意識が行きがちになるかもしれませんが、そもそもライティングというものは

● 「何」を書くのか

ということと、

● 「どう」書くのか

は、全くの別物になります。

「文章を書くのが苦手」という方や、「反応の取れる文章が書けない」という方の特徴として、この両者の違いを意識せずにライティングを行ってしまうというケースが多く見られますので、まずこの点に関して強く意識しておきましょう。

「何を書くのか」というのは文章のトピックのことを指し、「どう書くのか」というのは文章の書き方のことを指しますが、これらは同時に考えるものではなく別で考えるものとなり、それぞれに必要な知識・スキルも別物となってきます。

当然のことながら、順序としては「何を書くのか」を明確にする方が先になってきますので、本章では事前にLINE公式アカウントの目的設定やビジネスモデルごとの「配信トピック」についてお伝えしてきました。

そのうえで、ここから解説する「どう書くのか」について理解を深めていただくことで、反応が取れるメッセージ配信を行うことができますので、ぜひ実践の際に活かしてください。

■ メッセージ配信の理想的な組み立て方

LINE公式アカウントで成果を上げるために、メッセージ配信を組み立てる際の「文章の内容」は大きく分けると、

1. 情報発信（価値提供・関係性構築）
2. オファー（セールス・来店誘導）

この2つのパターンとなり、これらを交互に繰り返していくことになります。

オファーばかりではユーザーが離脱する可能性が高くなりますし、情報発信ばかりでは売上や集客につなげることができないため、バランスを取ることが大切です。

もちろん、この2つは必ず連動しているべきものですので、オファー（ゴール）から逆算して発信する内容を決めるということが基本になってきます。

実際には、これほど単純ではありませんが、あえて分かりやすいように例を挙げるとこのようなイメージです。

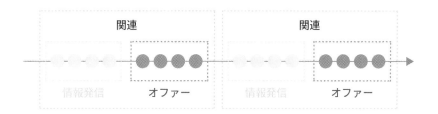

6

オファーとは、商品・サービスの販売、キャンペーン案内、来店誘導、行動促進などのことを指しますが、それらを成功させるためにはユーザーとの関係性を深めておいたり、ティザー（前振り）を行っておく必要があるということです。

　例えば、美容サロンで新メニューの予約を目的として配信を行うのであれば、日頃から美容に関するコラムや自宅でできるケア方法などの発信を行い、ユーザーとの信頼関係を作ったうえで、オファーに関しても1通だけで終わらずに以下のような配信計画を立てるのが理想になります。

美容サロンで新メニュー提案を行う際の配信計画例

1通目：新メニュー開発の裏話（14日前）

・新メニュー開発に至った背景やきっかけ
・新メニューへの想いや期待
・近日中の新メニュー公開予告

2通目：新メニューの特徴と効果（7日前）

・新メニューの特徴や独自性
・期待される効果や施術結果
・公開日が近づいていることをアナウンス

3通目：新メニューの一部公開と予約受付開始告知（3日前）

・新メニューの詳細な内容紹介
・モニターの体験談や感想
・予約特典の紹介を含めた受付開始の告知

4通目：新メニュー提供開始と予約の再案内（当日）

・新メニュー提供開始のアナウンス
・これまでの反響や予約状況の報告
・予約方法の再案内

　EC通販企業が、自社商品の既存購入者のお客様に対して、相性の良いクロスセル商品をオファーしたい場合であれば、以下のように、事前に新商品とのシナジー効果を訴求しておくことで、クロスセルの効果を最大限に引き出すことができます。

EC通販企業でクロスセルを行う際の配信計画例

1通目：新商品開発のお知らせ（21日前）

・既存商品をご愛用いただいていることへの感謝
・お客様からの要望を反映した新商品の販売決定の案内
・新商品が既存商品とシナジー効果を発揮する点を強調
・近日中の新商品詳細公開予告

2通目：新商品の特徴と既存商品との相性（14日前）

・新商品の主な特徴や機能
・新商品と既存商品を組み合わせることで得られるメリット
・新商品を使用することで、既存商品の効果がさらに高まる根拠を説明
・販売開始日が近づいていることをアナウンス

3通目：新商品の使用方法と効果的な活用シーン（5日前）

・新商品の詳細な使用方法や手順
・新商品を活用することで得られる生活の変化やメリット
・お客様の声や満足度の高いモニターレビュー
・販売開始直前の予告と特別オファーへの期待感

6

> **4通目：新商品の販売開始と特別オファー（当日）**
>
> ・新商品の販売開始アナウンス
> ・新商品を使用することで得られる満足感やライフスタイルの変化を
> イメージさせる
> ・既存商品購入限定の割引や特典をつけたオファー

　LINE公式アカウントのようなプッシュ型のツールでは、1通だけで
オファーを行うのではなく「何通かのシナリオを組んでオファーを行
う」ことで、配信効果が最大化します。

　一般的に、LINE公式アカウントの配信は、「キャンペーン当日に1通
だけ告知の配信がある」ケースが多く見られるため、見様見真似でLINE
公式アカウントの運用を始めてしまうと同じ失敗をしてしまう可能性
が高くなります。
　オファーを行う際には、単発の配信では売上や集客数が最大化しな
い点に注意してください。

効果を高める７つのポイント

　LINE公式アカウントは、ユーザーに直接アプローチできるプッシュ
型ツールとなり、アクセスを待つだけの他のウェブ媒体とは少し違う
特性を持っているツールです。
　「WEB上に公開されたコンテンツをユーザーが自ら見に来る」とい
うことではなく、相手のプライベート空間（LINEトーク画面）に、こ
ちらから直接メッセージを届けることになりますので、ライティング
を行う際も必ずその前提を忘れてはいけません。

　ホームページやブログと同じような感覚で文章を書いてしまうと、

一気に反応が下がってしまうこともありますので、LINE公式アカウントならではのポイントをしっかりと押さえたうえでライティングを行うことが重要になってきます。

　逆に、そのポイントさえ押さえておけば大きな反応につながりやすいのもLINE公式アカウントの特徴になりますので、これからお伝えする7つのポイントを抑えながらライティングを行うように意識してみてください。

■ ポイント1：たった一人だけに向けて書く

　LINE公式アカウントでメッセージを送る場合、配信者側としては大勢に向けて一斉送信をすることになりますが、その中で対象を1人に絞り、その人だけに向けてメッセージを送る意識でライティングをしましょう。

　基本的には、相手への呼びかけ方も「皆さん」ではなく、「あなた」や「〇〇さま」とするほうが反応率は高まります。

※LINE公式アカウントのメッセージ配信では任意の場所にユーザーのLINE名を挿入する機能が備わっています。

　例えば、人がたくさん歩いている駅の前で「みなさん聞いてください！」と叫んでも、ほとんどの人が耳を傾けてくれません。「どうせ自分には関係ないことだろう」と感じるからです。

　ですが、同じ場所で「30代女性のみなさん聞いてください！」と呼びかけると、少なくとも30代の女性は「自分のことだ」と思って話を聞いてくれる可能性が出てきます。

　さらに「お子さんをお持ちの30代の女性の方、聞いてください！」と言えば、該当する人は「まさに自分のことだ」と思うはずです。

人にモノを伝える際は、このように対象を絞って直接的に呼びかけることが基本になってきますが、LINE公式アカウントのライティングを行う際も、特にこの考え方が重要になってきます。

　もしかするとこのように対象を限定し、その人だけにメッセージを配信すると対象者が少なくなってしまう（他の人が反応しない）のではないかと感じる方がいるかもしれませんが、その心配は無用です。

　なぜなら、対象を絞ったとしても、それに近い状況の人も同じように興味を持ってくれるからです。
　先ほどの「お子さんをお持ちの30代の女性」と対象を絞った例でも、子供のいる20代後半や40代前半の女性も、「もしかしたら自分にも関係ある話かもしれない」と思ってくれるはずですし、「今は独身だけど将来のために聞いておこう」という30代女性もいるはずです。
　さらに男性だったとしても、「一応聞いておいて家に帰ったら奥さんに教えてあげよう」と思う人が出てくるかもしれません。

　逆に、

「色々な人が読んでいるから全員に向けて書かなければいけない」
「できるだけ大勢の人に読んで欲しいから全員に呼びかけよう」

　このような考えで、ライティングの対象を広げてしまうと、ほとんどの人に響かず読んでもらえないうえに、メッセージの趣旨がブレてしまい、「何が言いたいのか分からない文章になってしまう」という危険性が高くなります。
　メッセージを作成する際には、【たった1人だけに向けて書く】というポイントを、毎回必ず意識して文章を書くようにしましょう。

発行者にとってLINE公式アカウントはビジネスツールの1つですが、ユーザーにとってのLINEはコミュニケーションツールです。

そのため、メッセージも「一方的な説明文」のような書き方をするのではなく、ユーザーと会話しているイメージで文章を書く必要があります。

これは、自身が普段、友人や家族にLINEでメッセージを送る時のことをイメージしてみると分かりやすいかもしれません。

メッセージを送る相手に対して、「これを読んだらどんな返事が返ってくるだろう？」と想像しながら文章を打つことが多いのではないかと思いますが、それと全く同じです。

ビジネスでLINE公式アカウントの文章を書く場合（特に来店誘導やセールスなどのオファーが絡む場合）には、どうしても一方的にこちらが伝えたいことだけを伝えるような書き方をしてしまうことがありますが、そのような書き方では、全く反応が出ない文章になってしまいますので注意しましょう。

文章を書き慣れていない方の場合、「対話するように文章を書く」ことが難しく感じるかもしれませんが、

- 疑問文を挟み込む
- クローズドクエスチョンを使う
- 親しみのある表現を使う

この3点を意識すると、簡単に対話調のメッセージを書くことができます。

6

文末の表現を「〜です」「〜でした」「〜だと思います」といったように、こちらの主張として単調に繰り返すのではなく、「〜ですよね？」「〜だと思いませんか？」といった疑問形に変え、時折ユーザーの反応を伺うような表現にすることで、対話が生まれます。

　「クローズドクエスチョン」とは、答える内容が限定された質問のことで、円滑にコミュニケーションを進める技術のひとつです。

　質問の仕方には2つの種類があり、例えば、

「あなたは旅行についてどう思いますか？」
「今回の旅行の感想を教えてください」

　という質問のように、答えが無限に考えられる質問をオープンクエスチョンと呼び、

「旅行は好きですか？」
「海外旅行と国内旅行はどちらが好きですか？」

　という質問のように「イエス・ノー」のどちらかで答えられる（もしくは少数の選択肢から答えを選ぶ）質問をクローズドクエスチョンと呼びます。

　LINE公式アカウントのメッセージでは、基本的にクローズドクエスチョンを活用し、ユーザーが反応しやすい状況を作ることが大切になってきます。

　また、LINE公式アカウントはコミュニケーションツールの中でも、「気軽に使える」ことが特に大きなメリットで、どちらかというと仕事

よりもプライベートで使っているユーザーが多いツールです。

　そのため、あまりに堅苦しい文章はユーザーに違和感を与えてしまい、対話につながらない場合がありますので、できるだけ親しみやすい言葉を使う方が良いと言えます。

　例えば、「〇〇様は、ご存じでいらっしゃいましたか？」といった表現を、「〇〇さまは、知っていましたか？」といった表現に。「多くの方に感想を送っていただき、非常に嬉しく思っております」という表現を、「たくさんの人からメッセージをいただき、とてもうれしいです！」といった表現に。
　このように、少し柔らかい表現にすることでユーザーの反応率が上がる傾向があります。

　ただし、くれぐれも注意していただきたいのは、「親しみやすい」のと「馴れ馴れしい」のは全く違うということです。「LINEは気軽な文章の方が良い」ということを勘違いして、「知ってた？」「〜だよね。」など、相手に対して失礼な文章を書いてしまうことがないように、気を付けてください。

　社会人としての常識ということもありますが、あくまでも事業者としてLINE公式アカウントを使っているという意識を忘れないようにしましょう。

※そのようなキャラクターとして認知されている著名人の場合は例外
　です。

■ ポイント3：ワンメッセージを徹底する

　ワンメッセージとは、「扱うテーマや趣旨を1つに絞る」という意味の言葉ですが、これはLINE公式アカウントだけではなくその他の媒体でライティングを行う際にも共通する考え方と言えます。

　特にLINE公式アカウントの場合は、1つのメッセージの文字数が少ない傾向にあるため、色々な内容をあれこれ詰め込み過ぎてしまうと、とても読みにくい文章になってしまいます。

　例えば店舗ビジネスの場合、一度に配信するメッセージの中に「おすすめ商品の紹介」「来店誘導」「営業時間変更の案内」「スタッフのプライベート発信」など、複数の趣旨が混ざってくると、結局何を伝えたいメッセージなのか分からない内容になってしまいます。

　このようにいろいろと伝えたいことがある場合は、何通かに分けて配信を行うなど工夫が必要です。

　そもそも、何が伝えたいのか分からないメッセージになってしまう原因としては、「最初に配信トピックの趣旨を決めずに、行き当たりばったりで文章を書き始めてしまうから」ということになりますので、ライティングを行う際は、必ず「そのトピックに合わせたメッセージのゴール（何を伝えるメッセージなのか）」を決めてからライティングに取りかかることをオススメします。

■ ポイント4：画像や動画を積極的に活用する

　LINE公式アカウントでは、基本的に文字（テキスト）でメッセージを送ることになりますが、画像や動画を活用することで、さらに反応率を上げることが可能になります。

　これは、「画像や動画で伝えられる情報量は、文字で伝えられる情報

量と比較して圧倒的に多いから」という理由もありますが、そもそも文字だけでは必要な情報を届けられないビジネスモデルや業種も多いからです。

　例えば、「スポーツ」「料理」「音楽」などのジャンルは、文字だけで情報を伝えることが難しいジャンルの代表とも言えますが、そのように考えると、

- アパレル業界（商品紹介・コーディネイト紹介）
- 飲食業界（メニュー紹介・店舗紹介）
- 不動産業界（物件情報・間取り提案）
- 美容業界（商品紹介、ケア方法、使用方法解説）
- 教室・習い事業界（実演、授業風景や生徒の作品）

などなど、画像や動画を使わないと発信の価値が半減してしまう業界も多数あるはずです。

　LINE公式アカウントの場合は、デフォルトで備わっている「リッチメッセージ」「リッチビデオメッセージ」「リッチメニュー」などの有用な機能もありますので、画像や動画を積極的に活用していきましょう。

■ ポイント5：専門用語は使わない

　LINE公式アカウントのメッセージでは、よほど特別な事情がない限り「専門用語」を使うことはオススメしません。これはもちろん、「専門用語を理解できないから」という理由です。
　自身の業界で当たり前のように使われている言葉だったとしても、「ユーザーは知らない」と考えたほうが良いでしょう。
　ユーザーにとって、LINE公式アカウントの配信は、お金を支払って

読んでいる書籍などと違い、「無理して読む必要がないもの」になりますので、「分からない内容」があると即座に離脱につながってしまいます。（メッセージの中で1箇所でも「分からない」と感じる部分があればユーザーはそれ以降の文章は読まないと考えても良いかもしれません）。

　どうしても専門用語を使う必要が出てくる場合もあるかと思いますが、その際は、補足やカッコ書きで言葉の意味を説明するなどの工夫を行い、誰にでも理解できる文章にすることが、反応率の高い文章を書くためのポイントになります。

　一般的に、メッセージの内容は「小学生が読んでも理解できるくらい分かりやすい文章」が基本と言われています。

■ ポイント6：レイアウトを配慮して見た目を整える

　LINE公式アカウントのメッセージは、吹き出しでメッセージを送る特性から、文字（テキスト）で書いた文章も視覚的な観点で捉えられることが多くなるため、パッと見の印象も重要になってきます。

　数行程度の文章であればそれほど問題ありませんが、一定のボリューム（500文字前後が基準）を超える文章を送る場合は、レイアウトも配慮するようにしましょう。

　LINEのメッセージで言う「レイアウト」とは、

- 改行や空行の使い方
- 記号や絵文字による装飾

　主に、この2つのポイントを工夫して全体の見た目を整えることを

指しますが、同じ文章を送る場合もレイアウトによって印象が大きく
変わってきます。

　読みにくいレイアウトの場合、そもそも「読んですらもらえない」
という可能性も高くなりますが、もし読んでもらえた場合も、趣旨が
伝わらないうえに、ユーザーに余計なストレスを与えるメッセージに
なってしまいます。

　実際の例として、

- 改行、空行、装飾がほとんどないメッセージ
- 改行、空行だけを工夫したメッセージ
- 改行、空行、装飾を全て行ったメッセージ

　この3つのパターンそれぞれのレイアウト事例を挙げてみます。

　文章の内容は全て同じになりますので、レイアウトを工夫するだけ
でどのくらい印象が変わるのか、確認してみてください。

改行、空行、装飾が一切ないメッセージ

> こんにちは！【ブランド名】の
> 〇〇です。いよいよ夏本番！
> 明日から待ちに待ったサマーセ
> ールを開催します！
> 人気アイテムが最大50%OFF
> になるチャンス到来です。トレ
> ンド感たっぷりの夏物新作か
> ら、定番アイテムまで幅広くラ
> インナップ。サイズやカラーも
> 豊富に取り揃えております。

6

店内も夏の装いに変身。思わず足が向いてしまう魅力的な店内で、ゆっくりとお買い物をお楽しみください。

SUMMER SALE
7月10（日）〜31日（日）

狙っていたあの商品を手に入れるなら今がチャンスです！ぜひこの機会に、【ブランド名】でワクワクするようなお買い物体験を味わってください。スタッフ一同、心よりお待ちしております。

　まず、こちらのパターンが最も良くないレイアウト。改行すらほとんどないメッセージになるため、非常に読みにくい印象かと思います。
　これでは、どれだけ良い内容だったとしても、読まれずに閉じられてしまう可能性が高いため、このような状態でメッセージを送るのは絶対に避けましょう。

改行、空行だけを工夫したメッセージ

こんにちは！
【ブランド名】の〇〇です。

いよいよ夏本番！
明日から待ちに待った
サマーセールを開催します！

人気アイテムが最大50%OFF
になるチャンス到来です。

トレンド感たっぷりの夏物新

作から、定番アイテムまで幅広
くラインナップ。

サイズやカラーも豊富に取り揃
えております。

店内も夏の装いに変身。

思わず足が向いてしまう魅力
的な店内で、ゆっくりとお買い
物をお楽しみください。

SUMMER SALE
7月10（日）～31日（日）

狙っていたあの商品を手に入
れるなら今がチャンスです！

ぜひこの機会に、
【ブランド名】でワクワクする
ようなお買い物体験を味わっ
てください。

スタッフ一同、心よりお待ちし
ております。

6

　先ほどと全く同じ文章を適度に改行し、段落ごとに空行を入れたメッセージ例です。空行を挟むことで全体が読みやすくなるのがお分かりいただけるかと思います。

　改行する位置や空行の間隔に決まりはありませんが、自身のルールを設けて他のメッセージと統一感を持たせることがポイントです。

　これだけでもだいぶ読みやすくなったかと思いますが、次はさらに「絵文字を利用して親しみを持たせつつ、強調したい部分を明確にする」ためのレイアウト例を見ていきましょう。

こんにちは！
【ブランド名】の〇〇です👗

いよいよ夏本番☀️

／
明日から待ちに待った
サマーセールを開催します‼️
＼

人気アイテムが最大50%OFF
になるチャンス到来です✨

トレンド感たっぷりの夏物新
作から、定番アイテムまで幅広
くラインナップ🌈

サイズやカラーも豊富に取り揃
えております。

店内も夏の装いに変身👕✨

思わず足が向いてしまう魅力
的な店内で、ゆっくりとお買い
物をお楽しみください。

＼　SUMMER SALE　／
7月10（日）〜31日（日）

狙っていたあの商品を手に入
れるなら今がチャンスです🎯

ぜひこの機会に、
【ブランド名】でワクワクする
ようなお買い物体験を味わっ
てください💜

スタッフ一同、心よりお待ちし
ております😊✨

　こちらは、改行・空行・装飾の全てを行ったメッセージ例です。
　あまり多くの箇所に装飾を施すと逆に読みにくくなってしまうため、
その点には注意が必要となりますが、適度に装飾を行うことで、読み
やすさが向上します。

メッセージを受け取るユーザーのスマートフォンのサイズや環境によって誤差があるため、明確な文字数が決まっているわけではありませんが、基準としては「1行につき全角13文字前後」で収めると見た目が整いやすいことを覚えておきましょう。

　LINE公式アカウントでメッセージを配信する際は、必ず自身のアカウントにテスト配信を行い、チェックしてから本番の配信を行うなど、常にレイアウトにも気を配ることをオススメします。

■ ポイント7：メッセージは「個人」から

　LINE公式アカウントの開封率や反応率を上げるための、最もシンプルなポイントは「個人」からのメッセージとして送るということです。

　個人のキャラクターが全面に出るオンラインビジネスの場合はもちろん、店舗ビジネスやEC通販ビジネスの場合も同様で、

- 法人名や企業名
- 店舗名やブランド名
- 商品名やサービス名

などを発行者（差出人）としてメッセージを送る場合と比較して、個人の名前や人感を出した場合のほうがメッセージの反応率は上がる傾向があります。

　もちろん、大手企業の場合やブランドの戦略上、「個人名を出さないでLINE公式アカウントを運用する」というケースは十分に考えられますが、もし個人名を出すことが可能な場合は、

「【店舗名】の〇〇です。」
「【商品名】開発部の〇〇です。」
「【企業名】LINE担当の〇〇です。」

など、個人名を併せて表記し、個人からのメッセージとして配信を行うと反応が上がるケースが多いため、特に小規模事業者の方は試してみることをオススメします。

※日頃の配信は関係性構築のために個人名を出した配信を行い、連絡事項やニュースの配信は個人名を出さず企業からのメッセージとして配信するなどの使い分けも可能です。

　以上が、LINE公式アカウントのメッセージ配信効果を高めるための7つのポイントになります。

　基本的にLINE公式アカウントは、配信するメッセージのボリューム（文字数）が多くないため、さほどライティングスキルがなくてもマーケティングに活用できるツールです。

　ただ一方で、本章で解説してきた内容をしっかりと押さえたメッセージ配信を行うことで、よりダイレクトにユーザーからの反応を得られるようになることは間違いありませんので、ぜひ7つのポイントを参考に、より良いメッセージ配信を行ってください。

　また、過去にコピーライティングを学んだことがある方であれば、もしかすると一度は見聞きしたことのある内容もあったかもしれませんが、「知っている」と読み流すのではなく、あらためて腑に落として実践に生かしてください。
　ライティングというものは、「知識」ではなく「スキル」が重要です。高い反応率を得られるようになるまで、何度もインプットと実践を積み重ねていきましょう。

Plan

CHAPTER-
7

Do

ction

LINE公式
アカウント
運用結果の
測定と改善

Check

成果につなげるために やるべきこと

7

SECTION
01　LINE公式アカウントはやみくもに運用しているだけでは成果につながりません。運用までの流れを再確認しながら、効果測定と改善方法について学んでいきましょう。

運用までの流れ

　本書では、LINE公式アカウント運用で必要となる知識や考え方、ノウハウを順に解説してきましたが、復習の意味も込め、ここであらためて運用の流れを整理してみましょう。

1. LINE公式アカウントを開設し初期設定を行う
2. LINE公式アカウント運用の目的を決める
3. LINE公式アカウント運用の計画と目標を立てる
4. リッチメニューの作成と設置を行う
5. 友だち集めのツール作成や運用の準備を行う
6. 運用をスタートし友だちを集める
7. 施策に合わせた配信を行い成果を目指す
8. 運用結果を測定・分析し改善を行う

　LINE公式アカウントを活用してビジネスの成果向上を目指すためには、行き当たりばったりで運用を行うのではなく「目的や方向性を決め計画を立てること」が欠かせませんが、もう一つ、同じくらい重要なポイントがあります。

　それが「運用結果の測定と改善」です。友だち集めの進捗や配信に対するユーザーの反応率など、行なった施策に対してどのような成果が出ているのか。日々、数値を確認しながら改善点を見つけていくこ

とが重要です。

運用後に確認すべきKPIと目標値参考

　運用後に確認すべき数値はビジネスモデルやLINE公式アカウント運用の目的、行う施策によっても変わってくることがありますが、いずれの場合も必ず確認しておきたい数値（KPI）は下記になります。

- 友だち数
- ブロック数・ブロック率
- 有効友だち数
- 配信数
- 開封数・開封率
- クリック数・クリック率
- コンバージョン（成約）数

　これらに加え、クーポンやショップカードの利用率、リッチメニュー各エリアのタップ率など、注力している施策の結果はしっかりと測定しておきましょう。

　なお、「友だち数」と「コンバージョン（成約）数」に関しては、

- ビジネスモデルや業種、規模感
- 取り扱う商品の特性や金額
- 集客にかける広告宣伝費

　など、おのおのの状況や戦略によって大きく変わるため一概に目標数値を提示することはできませんが、それ以外の項目については一般的な平均値をもとに、目標数値の目安を記載しておきます。

■ ブロック率（全体の友だち数に対するブロック数の割合）

店舗ビジネスの場合、10〜20%
EC通販やオンラインビジネスの場合、20〜30%

■ 開封率（配信したメッセージが開封された割合）

店舗ビジネスの場合、50〜70%
EC通販やオンラインビジネスの場合、30〜50%

■ クリック率（メッセージ内のURLがタップされた割合）

開封したユーザーのうち、10〜20%

■ クーポン取得率と利用率

開封したユーザーのうち、10〜20%がクーポン取得
クーポン取得したユーザーのうち、30〜40%が利用

■ ショップカード利用率

LINE公式アカウントの友だちの20〜70%が利用
※顧客との関係値やインセンティブ（特典）の内容により大きく変動

　自身のビジネスにおいて既存の基準値がない場合は、上記の数値を仮の目標に設定して運用を開始してみてください。3ヶ月ほど運用を続けると基準となる数値が固まってくるはずですので、4ヶ月目以降は実際の数値をベースにKPIを設定し直してみましょう。

　LINE公式アカウントでは、管理画面［分析］タブで各数値を確認できるようになっていますので、ここからは分析画面とあわせて詳しく解説していきます。

7 友だち関連の分析

SECTION
02
友だち分析機能では、友だちの追加数や属性（性別、年齢、地域など）、友だち追加経路の数値を確認することができます。

友だち追加概要

　自身のLINE公式アカウントの、友だち追加された数、ターゲットリーチ数、ブロックされた数を確認できます。表示される数値は直近7日間のものとなり、それより前のデータを見たい場合は任意の期間を選択できるようになっています。（最大で397日間の選択が可能です）

179

■ 友だち追加

　LINE公式アカウントを友だち追加したユーザーの総数です。アカウントのブロックやLINEアカウントの削除があった場合も数値は減りません。

■ ターゲットリーチ

　性別、年齢、および地域に基づいたメッセージの配信先となる友だちの総数を示しています。

■ ブロック

　アカウントがブロックされた回数です。ブロックが解除されるとブロック数は減ります。

※なお、スマートフォンの機種変更時にLINEアカウントの引継ぎをしていないユーザーも友だちの総数に計上されるため、ターゲットリーチ数にブロック数を足した合計は、友だちの総数と一致しない場合があります

属性

　ターゲットリーチが20人以上の場合、属性（性別・年齢・地域）を確認できます。情報は3日前の数値が表示されます。
　属性情報は、ユーザーが保有するスタンプや、友だち追加している公式アカウントなどの利用状況から推定されたみなし情報となります。

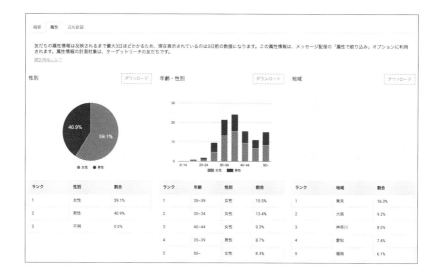

　自身のLINE公式アカウントの友だちの性別や年代など、属性情報を理解することで、ターゲット層の特徴を把握し、効果的な施策を行うことができるようになります。

　情報を受け取るユーザーの性別によって戦略や施策をパーソナライズしたい企業や、地域によって配信内容を切り分ける必要がある店舗などの場合は特に、「自社が対象としているユーザーが友だちになっているのかどうか」を検証することも重要になってきます。

追加経路

　友だち追加経路とブロックした経路が確認できます。最大90日間選択できます。ブロック数は、指定された期間内にユーザーがブロックした数を示します。（選択期間中に友だち追加したユーザーのブロック数ではありません。）

　友だち追加経路には、[友だち追加ガイド]で作成した友だち追加URLやQRコード、ボタンのほか、LINE VOOMやクーポンなどがあります。

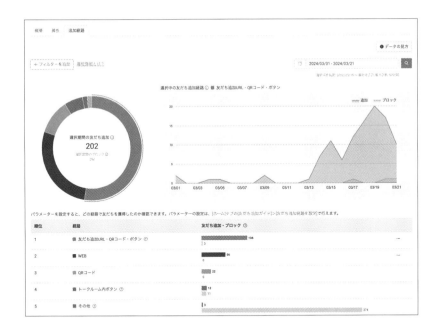

　各経路の友だち追加数を比較し、最も効果的な経路を特定することで、そこへリソースを集中的に投入し、友だち追加数の最大化を図ることが可能になります。

　また、ブロック数が多い経路については、ユーザーのニーズとのミスマッチやコンテンツの質に問題がないか検証するキッカケにもなります。

メッセージ関連と その他機能の分析

SECTION
03

メッセージ配信分析では、送信したメッセージに対する開封数やクリック数などの反応を確認。その他、主要機能についても分析が可能です。

メッセージ（全体画面）

分析画面では以下の11の指標から任意で5項目の表示設定を選び、数値を確認することができます。自身で設定しているKPIに合わせ表示項目を設定しましょう。

■ 配信

メッセージが送信された人数が表示されます。

■ 開封

　送信したメッセージがトークルーム内で開封された人数が表示されます。

■ クリックユーザー

　メッセージ内に添付したURLをクリック（タップ）した人数が表示されます。

■ 再生開始ユーザー

　メッセージ内に添付した動画や音声の再生（自動再生も含む）を開始した人数が表示されます。

■ 再生完了ユーザー

　メッセージ内に添付した動画や音声の再生を最後まで完了した人数が表示されます。

■ 開封率

開封数を配信数で割った数値が表示されます。

■ クリック率

クリックユーザー数を開封数で割った数値が表示されます。

■ 再生開始率

再生開始ユーザーを開封数で割った数値が表示されます。

■ 再生完了率

再生完了ユーザー数を開封数で割った数値が表示されます。

■ コンバージョンユーザー

　メッセージ内の該当リンクからコンバージョンを発生させたユーザーの数が表示されます。
コンバージョンとは、LINE公式アカウント経由でユーザーが登録や購入などを行うことです。

■ コンバージョン率

　コンバージョンユーザー数をクリックユーザー数で割った数値です。

メッセージ（詳細画面）

　メッセージ配信分析画面では、任意のメッセージをクリックすることでさらに詳細を確認することができます。

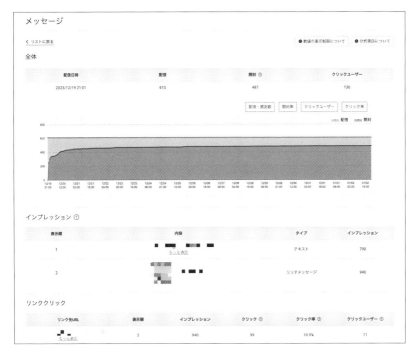

- 日ごとの配信数・開封数・開封率・クリック数・クリック率
- 吹き出しごとのインプレッション数
- リンクごとのインプレッション数・クリック数・クリックユーザー数・クリック率

リッチメニューの分析

　リッチメニューの分析では設定した各エリアのインプレッション数やクリック回数を確認することができます。数値の表示は、選択した期間内に20人以上の友だちがクリックしている必要があります。

　また、この画面では配信の際に利用するオーディエンス（インプレッションオーディエンス・クリックオーディエンス）を作成することができます。

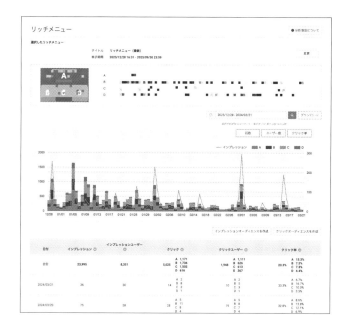

クーポンの分析

　作成済みのクーポン一覧から任意のクーポンをクリックすると、クーポンごとの獲得ユーザー数や使用ユーザー数が確認できます。(数値は前日のものを反映)

　なお、ページビューや各ユーザー数、使用回数はユーザー側の利用環境の都合で重複してカウントされる場合があります。

■ ページビュー

　クーポンが表示された回数です。(抽選クーポンの場合は、当選したユーザーがクーポンを表示した回数になります)

■ ユニークユーザー

　クーポンを表示したユーザーの数です。(抽選クーポンの場合は、当選したユーザーのうちクーポンを表示したユーザー数になります)

■ 獲得ユーザー

　クーポンを獲得したユーザーの数です。

■ 使用ユーザー

　クーポンを使用済みにしたユーザーの数です。

■ 使用回数

　クーポンを使用済みにした回数です。何回でも使用可能なクーポンの場合、使用ユーザー数と異なる数値が出てきます。

ショップカードの分析

　ショップカードの分析画面は、「カード・ポイント」と「ポイント分布」タブで管理されており、カード発行数やポイントごとの使用ユーザー数など、ショップカードの利用状況が確認できます。

　ただし、ショップカードを公開停止した場合、該当のショップカードの分析数値は確認できなくなりますので注意が必要です。

ショップカード

| カード・ポイント | ポイント分布 |

ポイント	使用ユーザー
19	
18	
17	
16	
15	
14	
13	
12	
11	
10	
9	
8	
7	
6	
5	
4	
3	
2	
1	
0	

■ 有効カード

発行済みのカードで有効状態にあるものの数です。

■ 発行済みカード

有効・無効関係なく、発行済みのカードの枚数が表示されます。

■ 付与ポイントの合計

総発行ポイント数が表示されます。

■ 来店ポイント

総発行ポイントの内、来店で獲得されたポイント数が表示されます。

■ カードボーナス

カード新規作成取得時にボーナスで付与されたポイント数が表示さ

れます。

- 有効期限切れ

有効期限切れとなったポイント数を表示します。

- 発行済み特典チケット

カードのポイントが貯まり特典チケットが取得された数が表示されます。

- 使用済み特典チケット

特典が使用された数が表示されます。

- 使用率

特典の使用率が表示されます。

LINE VOOMの分析

LINE VOOM StudioにてLINE VOOM投稿の分析を行うことができます。分析画面は［ダッシュボード］［投稿］［フォロワー］で分かれており、それぞれ詳細の数値を確認することが可能です。

- ダッシュボード

フォロワー数をはじめ、リーチしたアカウント数やインプレッション数、動画再生時間などを確認できます。

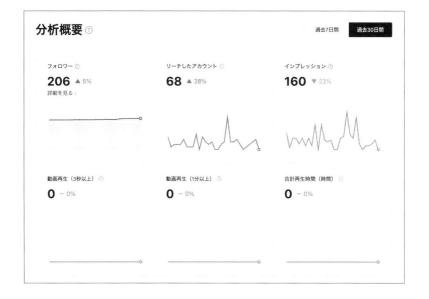

■ 投稿

　投稿一覧で各種数値が確認できるだけでなく、[投稿リスト] > [任意の投稿をクリック] することで、任意の投稿のコメントやリアクション数など詳細数値を確認することも可能です。

内容	投稿日時	インプレッション ⑦	クリック ⑦	リアクション ⑦	コメント ⑦	動画再生（3秒以上） ⑦
	2024/02/20 12:09	150	14	2	0	0
	2024/02/14 11:32	113	6	3	0	0
	2024/01/16 12:01	112	14	2	0	0
	2024/01/11 11:13	106	5	2	0	0
	2023/12/29 11:16	92	9	4	1	0
	2023/12/19 12:00	81	7	1	0	0

■ フォロワー

フォロワーの合計数や日別の増減などを確認することができます。

また、当該ページの［属性］タブでは、性別や年齢、エリアなどフォロワーのみなし属性も数値化されています。

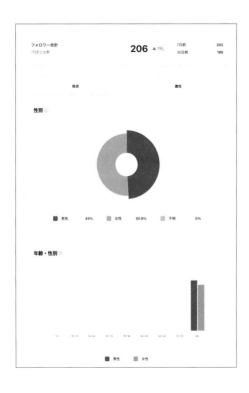

数値を元に的確な
改善施策を行う

7

SECTION
04
LINE公式アカウント運用のPDCAサイクルを回すために
必要な数値を取得した後は検証・分析を行い、実際に改
善アクションにつなげていきましょう。

友だち集めの改善策

　LINE公式アカウントには従量課金制度があるため、友だち数が多ければ多いほど良いというわけではありませんが、友だちの数が10倍になれば、配信の工数は変わらずに売上や集客数が10倍になる可能性もあります。

　そのため、大きな結果につなげるためには、見込み度やファン度の高いユーザーに友だち追加をしてもらう必要があります。

　友だち集めがうまくいかない場合は、主に2つの要因がありますので、次の内容を参考にそれぞれ改善していきましょう。

■ LINE公式アカウントの認知不足

　まず最も大きな要因となり得るのが「LINE公式アカウントの認知不足」です。LINE公式アカウントを開設しただけで、ユーザーに告知できていなかったり、極端に露出が少ないなどの状況が考えられます。

　具体的な改善方法としては、

- ホームページやブログ、Instagramやfacebookなど、自社メディアの全てにLINE公式アカウントの友だち追加URLを掲載して登録を促す
- 店舗がある場合は、LINE公式アカウントの追加QRコードを掲

7

載したPOPやチラシを店内の目立つ場所に掲示する
- メールマガジンやDMなど、既存の顧客リストに対してLINE公式アカウントの友だち追加を促すメッセージを送る
- LINE友だち追加広告やその他WEB広告（meta広告やInstagramの投稿の宣伝）を利用してインプレッションを上げる
- すでにLINE公式アカウントの友だちになってくれているユーザーを介して口コミや紹介で広める

　これらの方法が考えられます。最低限行うべき友だち集めの施策となりますので、どれか一つをやるのではなく、全て行うようにしましょう。

■ インセンティブの魅力不足

　LINE公式アカウントの認知不足が原因ではない場合、友だち集めがうまくいかない理由として考えられるのは「インセンティブ（登録特典）の魅力不足」です。ユーザーがLINE公式アカウントを追加するメリットを用意し、しっかりと提示できていなければ友だちは増えていかないため、今一度、インセンティブがユーザーにとってメリットのあるものかどうかをチェックしてみましょう。

　例えば一般的によく見かける「オンラインショップで購入時に500円オフ」や「LINE友だち限定で送料0円」などの特典は一見すると魅力的に見えますが、「購入することが前提」になっている特典であり、それ以外のユーザーにとってはLINE公式アカウントを友だち追加するメリットにはなりません。

　どういった層の友だちを集めたいかという観点と合わせ、ユーザーにとってメリットのあるインセンティブを用意しましょう。

　なお、インセンティブ（特典）は一つである必要はありません。色々

な角度からインセンティブの案を考え、3つから5つ用意できるのが理想的です。

■ 割引・プレゼント系の特典例

- 購入時割引クーポン（初回／2回目）
- セール情報先行案内
- バースデークーポン

■ 限定系の特典例

- 友だち限定商品
- イベントやモニターの招待
- 新商品や新メニューの先行予約権利

■ サービス系の特典例

- 優先サポート（友だちのみ個別問い合わせ可）
- フィードバック権利（サービスに対しての要望受付）
- メンバーシップ（ポイントシステムやロイヤリティプログラム）

■ コンテンツ系の特典例

- 専門家によるコラム発信
- レシピやノウハウなどの公開
- 業界ニュースなどの先行情報発信

■ エンターテイメント系の特典例

- 定期的なゲームやクイズ
- 抽選会や交流会の参加権利
- 診断テストや占い

自身のビジネスモデルや業種、またはLINE公式アカウントの友だち

属性に合わせ、魅力的な特典をいくつか用意して訴求しましょう。

メッセージ関連の改善策

　メッセージ関連の改善は、直接的に売上アップや集客につながる大事な要素です。開封やクリック、ブロックなどそれぞれの課題に合わせて最善の改善策を実施していきましょう。

■ 開封数（率）の改善

　配信しているメッセージの開封率が良くない場合、考えられる主な要因は次のようになります。

- タイトルの魅力が不足している
- 送信しているタイミングの問題
- 対象としている友だち（オーディエンス）の問題

　LINE公式アカウントのメッセージは、吹き出し内の最初のテキスト（2行）がトーク一覧画面に表示されるタイトルのような役割を果たします。そのため、メッセージを単なるあいさつから始めずに、最初の2行にユーザーの興味をひくワードを入れることで開封率が改善する場合があります。（リッチメッセージの場合は「タイトル」に入力した文字がそのままタイトルとなります）

　なお、複数の吹き出しを1通として送信する場合は、「最後の吹き出しの冒頭2行」がトーク画面に残るため、最後の吹き出しのみを意識すれば問題ありません。

　また、開封率に影響する要素として、メッセージを送信しているタイミングや頻度の問題も考えられます。各ビジネスモデルで推奨する配信時間帯については150ページで解説していますが、開封率が良く

ない場合は別の曜日や時間帯に送信するなど、テストを繰り返していきましょう。単純に、送信頻度が高すぎてユーザーに飽きられてしまっているケースもあるため、その場合は頻度や間隔を変更するなどの工夫をすることが必要です。

これらを行っても数値が改善しない場合は、「集めている友だちがそもそもアカウントのコンセプトや発信内容と合っていない」「発信を受け取る必要性を感じられていない」という根本的な問題であるケースもあります。

- 友だち集めを行っている媒体とLINE公式アカウントの名称や発信内容に乖離がないか
- 友だち追加を促す際の訴求やインセンティブと実際の配信内容に一貫性があるか
- 発信している内容がユーザーにとって有益なものであり、ニーズとマッチしているか

これらの点についてあらためて見直すことで開封率は改善していきます。

■ クリック数（率）の改善

配信しているメッセージのクリック数（率）が良くない場合、主な要因は次のように考えられます。

- オファーしている内容そのものに魅力がない
- 誘導（CTA）が分かりにくい
- メッセージが長すぎる、または読みにくい

クリック率が上がらない場合、まず考えられるのは「オファーの魅

力不足」です。これはメッセージの書き方云々ではなく純粋に提案しているオファーに対してユーザーが魅力を感じていないケースになるため、「提案している商品・サービスとユーザーのニーズがマッチしているかどうか」という点について見直す必要があります。

　これらについて問題がないのにも関わらずクリック率が上がらない場合は、メッセージの内容に改善の余地があります。往々にして失敗するケースは「誘導（CTA）が分かりにくい」というケースです。
　「CTA（Call to Action）」とは、「行動を促す呼びかけ」という意味で、ユーザーに何か特定の行動をしてもらうための指示やボタンのことを指します。
　配信メッセージでいえば、「今すぐ購入」「詳細はこちら」「登録する」などがCTAの一例となりますが、これらを変更することでクリック率が大きく改善することがあります。

テキスト改善前：「チェックしてください！」
テキスト改善後：「新商品の詳細確認と購入はこちらのボタンをクリックしてください！」

テキスト改善前：「たくさんのご予約お待ちしております」
テキスト改善後：「▼ご予約はこちらのフォームから（カンタン10秒で予約完了！）」

ボタン改善前：「購入する」
ボタン改善後：「今すぐゲットする▶」

ボタン改善前：「続きを読む」
ボタン改善後：「気になる続きはこちらをタップ☝」

これらはあくまで一例となりますが、「分かりやすく、明確に行動を指示する」ことを意識しましょう。

なお、一般的に、クリックを誘導する際は「テキスト（URL）よりリッチメッセージ（バナー）にした方がクリック率が高くなるというデータがありますが、これは友だち属性や業種によっても変わってくるため、通説を盲信せず実際にテストしてみることのほうが重要です。

また、クリック率が低迷する要因として、単純に「メッセージが読みにくい」「長すぎて最後まで読まれていない」ということも考えられるため、

- **メッセージを端的にまとめ、文字数を減らしてみる**
- **テキストだけでなく画像や動画を組み合わせてみる**
- **AIなどを活用し読みやすいメッセージを作成する**

このような点についても意識してみましょう。

日々、ユーザーの反応を確認しながら細部までブラッシュアップしていくことで数値は必ず改善していきます。

■ ブロック数（率）の改善

LINE公式アカウントのブロック率が高い場合、考えられる主な要因は次のようになります。

- **配信内容が有益だと感じられていない**
- **LINE公式アカウントの友だちであるメリットを感じていない**
- **過度な宣伝や広告が多い、または頻度が高い**
- **ユーザーの期待感とLINE公式アカウントのミスマッチ**
- **インセンティブだけが目当てだった場合**

ブロックが多くなる要因は、開封率が上がらない要因や反応が出ない要因と重複する部分も多々あります。ユーザーがすでにLINE公式アカウントの友だちになっていることが前提になるため、「友だち追加時の期待（ニーズ）」と「友だち追加後に受け取る情報やメリット」に乖離があることが一番の要因だと考えてよいでしょう。

　最も分かりやすい例として「友だち追加でドリンク一杯無料！」「その場で使える500円オフクーポン」などがあります。このように、友だち追加時にのみメリットがある登録特典を目的としてユーザーがLINE公式アカウントを友だち追加した場合、特典を利用した後にすぐブロックすることは当然の流れと言ってもよいかもしれません。

　もちろん、これらのインセンティブを用意すること自体が間違っているということではなく、その後に有益、かつ、定期的な発信を行う準備をしたうえで、友だち集めを始める必要があるということです。

　LINE公式アカウントをビジネス活用する場合、売上や集客につなげるための施策をメインとするのは正しい考えですが、一方で「LINE公式アカウントは顧客と関係性を構築するためのツールである」という認識を持つことで別のアイデアも浮かんでくるはずです。

　ユーザーの反応率が良くない場合やブロック率が上がってしまう場合は、自身のLINE公式アカウント運用を俯瞰し、一つひとつ原因を解決していくことで配信に関わる各数値を改善していきましょう。

リッチメニューの改善策

　LINE公式アカウント運用で重要な施策であるリッチメニューの活用に関しても、日々数値を確認することで改善する箇所が見えてきます。「せっかく用意したリッチメニューが全く利用されていない」という状

況を回避するためにも、次の点を意識しながら改善をしていきましょう。

- デザインが魅力的、かつ、ブランドイメージに合っているかどうか
- メニューの項目（表記や文言）が直感的に理解できるかどうか
- 各エリアからのリンク先がユーザーの期待通りのものになっているかどうか
- 店舗やブランドの施策に合わせ、定期的に更新できているかどうか
- ユーザーにリッチメニューの存在や使い方が伝わっているかどうか

　LINE公式アカウントの運用の中で、特にリッチメニューに関しては「同業他社のアカウントを見様見真似で実装してしまうケース」が非常に多く見られます。残念ながら、その同業他社のリッチメニューも結果につながっていないケースが多々ありますので、無条件に信頼して真似するのはやめましょう。

　リッチメニューに設定できるコンテンツは最大でも6エリアとなるため、あまり深く考えずとも活用できてしまう機能ではありますが、「運営者、ユーザー双方にとって有効なコンテンツ（飛び先）」を決めたうえで、デザインまで気を配り作成することをオススメします。

- デザインを変更する
- メニュー内容を変更する
- レイアウトを変更する
- 各エリアの文言を変更する

- 各エリアのアイコン画像を変更する

　変更に対しての反応率の変化は上から順にインパクトがありますので、改善テストを行う際はこれらを参考にしてください。

クーポンの改善施策

　LINE公式アカウントの代表的な機能でもあるクーポンについても、獲得率や利用率の改善は可能です。クーポン施策がうまくいかない場合は、次の内容を参考にそれぞれ改善していきましょう。

■ クーポンの内容を改善する

- クーポンの種類や内容自体の魅力不足
- クーポンの存在がユーザーに伝わっていない
- 設定している有効期限の問題

　最も大きな要因として考えられるのは「クーポン自体の魅力」です。割引率が低くメリットが感じられないものであったり、利用条件に極端な制限があるなどの分かりやすいケースもあれば、友だちの属性とクーポン内容にミスマッチがあるケースまで、さまざまな原因があります。
　上記の理由から、改善のテストを行う際は次のポイントを意識するとよいでしょう。

- 割引率を増減してみる
- 別の切り口でクーポンを用意する
- クーポンの限定性や希少性を訴求する
- 利用の条件を緩和してみる
- 訴求する対象を変えてみる

■ 告知方法と有効期限の見直し

クーポンの内容自体が魅力的であるに関わらず、利用率が伸びない
ケースの理由として考えられるのが、クーポンの「告知不足」と「有
効期限」の問題です。

例えば、友だち追加時のあいさつメッセージでクーポンを送付して
いる場合、その後の配信でトーク画面はすぐに流れてしまうため、ユ
ーザーがクーポンの存在に気づいていない可能性があります。他にも、
リッチメニューに複数のクーポンを設定している場合、一つひとつの
クーポンの説明が足りておらず、ユーザーが各クーポンの価値やメリ
ットを認識できていないことも考えられます。

「有効期限」に関しても、明確な根拠がないまま設定してしまってい
るケースが散見されますが、クーポン内容に応じて長すぎず短すぎな
い期限を設定することで利用率を改善することができます。（基準とし
ては1ヶ月程度が推奨です）
　期限が切れる前にリマインドのメッセージを送ることでも、利用率
を大幅に高めることができます。

ショップカードの改善施策

実店舗のある業種ではショップカード機能を活用することも多くな
るかと思います。できるだけ多くの顧客に利用してもらいリピート率
を高めるために、次の内容を参考に改善を行っていきましょう。

■ 利用率が上がらない原因を特定する

ショップカードの利用率が上がらない原因は、とてもシンプルです。

- ポイントを貯めた際にもらえる特典に魅力がない
- ショップカードの存在を知らない
- ショップカードを利用するのが面倒

その他の施策で反応が出ない理由と同様に、「ショップカード自体に魅力がない」というケースが最も大きな原因です。もう少し具体的に挙げると「もらえる特典に魅力がない」「ポイントの還元率が低すぎる」「特典に辿り着くまでの道のりが長すぎる」という3つです。

■ 利用率を改善する5つの方法

改善策もシンプルで、

- 特典やメリットを豪華にする（原価や利益率と相談）
- 一つのスタンプがもらえる条件を緩和する
- ゴール（特典がもらえるまでのポイント数）を近くに設定する
- リッチメニューにショップカードを設置しておき、すぐにアクセスできる状態にする
- LINE公式アカウントの友だち追加を促す際に必ずショップカードの存在を伝える

これらのいずれか、または全てを行うことで獲得数と利用率は必ず改善します。

LINE VOOMの改善施策

LINE VOOMは掲示板やブログのように情報を発信しながらストックしておける機能です。メッセージ配信と併用して活用することで互いのデメリットを補い合いながら有効に情報発信ができる機能ですが、

売上や集客につながるという意味では他の機能ほど大きなインパクトはないのが現状です。

数値が思うように伸びない場合の原因として考えられるのは、

- 発信しているコンテンツに魅力が不足している
- 投稿している内容がターゲットにマッチしていない
- 投稿しているコンテンツに一貫性がない

主にこれらのことが挙げられますが、メッセージ配信やクーポンのように施策の即効性がある機能ではないため、何かを改善することで急激に反応が良くなるということを期待できるものではないことを認識しておくとよいでしょう。

LINE VOOMの投稿はLINE公式アカウントの「友だち」ではなく、「フォロー」してくれているユーザーや、その他の一般ユーザーに表示されることが多いため、InstagramやTikTokに近い感覚の機能と言えます。

そのため、「友だち」に対してメッセージを配信するツールではなく、「まだ自社（自身）のことを知らないユーザー」に対して認知してもらうための投稿を行うツールとして、メッセージで配信する内容と差別化することがオススメです。

コンテンツの魅力を高めたり、ターゲットにマッチした内容を投稿するという点に関しては簡単なことではありませんが、「投稿するコンテンツに一貫性を持たせる」という点については意識するだけで改善が可能な要素になります。

LINE VOOMを活用する際は、

- 即効性を求めず、資産となるようにコンテンツをストックする
- 既存友だちではなく一般ユーザーに向け、認知を目的とした投稿内容にする
- 配信コストがかかるメッセージ配信のサブ的な発信場所として活用する

という点を意識しながら活用していきましょう。

もし、運用にかける時間や人のリソースが足りない場合は、LINE VOOMの改善よりも、メッセージ配信やリッチメニュー、クーポンの改善にリソースを集中させる形で構いません。

ここまでお伝えしてきたとおり、LINE公式アカウントの運用が良い結果につながっていない場合は必ず原因があり、その原因一つひとつに対して明確な改善策が存在します。

改善策を実施するためにも、日頃からしっかりと数値を確認する習慣を身につけることがとても大切になってきます。

運用を行った結果、反応が出ないことや失敗することは、さほど大きな問題ではありません。その結果を分析し、次に生かすことこそがLINE公式アカウント運用で成果を出すための大きなポイントであることを意識しておきましょう。

Plan

CHAPTER-
8

Do

ction

Check

他にも
押さえておきたい
LINE公式アカウントの
機能・活用法

8 高度なマーケティングにツールを活用

LINE公式アカウントに備わっている機能を大幅に拡張し、さらに高度なマーケティングを実現するためのツールについて解説します。

LINE公式アカウントの可能性は無限大

　LINE公式アカウントは、メッセージ配信やリッチメニュー、クーポンやショップカードなどビジネスで活用できる機能が揃っており、正しく運用することで売上や集客に貢献してくれる有用なツールです。

　とはいえ、顧客管理や高度なマーケティングを行おうと考えた場合、一部不足する部分が出てきます。

- LINE公式アカウントを友だち追加してくれているユーザーの名前や情報が確認できない
- 絞り込み配信のカスタマイズ性や自由度が低い、かつ、操作も煩雑
- 既存の顧客管理システムで保有している顧客情報との連携や決済連携ができない

　例えば、このようなことです。
　これらはマーケティングを行ううえでは必ず押さえておきたいポイントになりますが、LINE公式アカウントでそれを実現するために必要となってくるのが【機能拡張ツール】です。

　この、機能拡張ツールを導入することによって、LINE公式アカウン

トの可能性はさらに広がります。

機能拡張ツールとは

LINE公式アカウントの機能拡張ツールとは、その名の通り「LINE公式アカウントの基本機能を拡張し、より便利に使えるようにするためのシステム」です。自身のLINE公式アカウントと機能拡張ツールを連携することで、誰にでも利用が可能です。

■ さまざまなマーケティングを実現させる機能拡張ツール

詳細は後述しますが、例えば、

- 友だちになったユーザーのLINE名・行動履歴・アンケート回答・興味関心などさまざまな情報が個別に確認できる
- LINE公式アカウント内に予約システムを実装し、予約受付・変更やリマインド配信までも完全に自動化できる
- ユーザーの属性や興味関心に合わせて自動でセグメント分けを行い、それぞれメッセージ配信やステップ配信を分けることができる
- ユーザーの属性や行動履歴に合わせて、表示するリッチメニューを自動、または手動で変更することができる
- オンラインショップのログインの際に、LINEアカウントでログインができるようになる
- オンラインショップや決済システムと連携することで顧客の購入履歴や情報と紐づけて運用ができるようになる

など、LINE公式アカウントの基本機能では実現が難しかったマーケティングが行えるようになり、ビジネスの自動化や効率化を一気に加速させることができます。

　拡張ツールはLINE社が公式で提供しているものではなく、一般企業が販売・提供しているサービスです。

　市販されているツールは、汎用性のあるものから各業界に特化したものまで、現時点でも数十種類ものツールがリリースされており、利用料金に関しても無料で利用できるものから月額数十万円するものまでさまざまです。

　導入する際は自身のビジネスモデルや業種、LINE公式アカウントの目的や行いたい施策に合わせ、適したツールを選択することになります。

※【LINE公式アカウント 機能拡張ツール】というキーワードでWEB検索を行うと多数のツールが出てきます。導入を検討する際には自身に合ったツールを選定してください

　本書では一貫してお伝えしてきましたが、LINE公式アカウントで大きな成果をあげるために必要なことは、テクニックや機能などの枝葉の部分ではなく、「目的や方向性に合わせた計画を立て、それに沿った運用と改善を行うこと」。いわゆる「マーケティングの軸」にあたる部分です。

　これは拡張ツールを選ぶ際も同様で、「何を目的にツールを導入するか」を明確にしないまま使い始めても費用対効果は最大化しませんので、その点は必ず意識するようにしましょう。

　ここからは、機能拡張ツールを導入することで実現できるあらゆる施策について解説していきます。

　自身のLINE公式アカウントの活用目的と合わせて、ツール活用のイメージを膨らませてみてください。

利便性を高め
顧客満足度を上げる

8

顧客満足度の向上は、ビジネスの売上に直結する重要な要素です。次に紹介する施策はユーザーと運営側双方にメリットがある施策になるため、ぜひ取り入れてみてください。

タブ付きリッチメニュー

　LINE公式アカウントの基本機能では、設置できるリッチメニューは1つのみ、エリアは最大で6つとなりますが、機能拡張ツールを導入することで設置できるリッチメニュー数に制限がなくなり、タブによるカテゴリ分けも可能になります。

　情報をしっかりと整理しながらも、より多くのコンテンツを設置することができるだけでなく、任意のエリアをタップした際に別のメニューに切り替えるといった動作を実装することで、アプリやホームページと同等の情報量をLINE公式アカウントの中でユーザーに提供できるようになります。

FAQ（よくある質問と回答）の自動化

　自動応答機能とカルーセル機能を組み合わせることによってFAQを自動化することができます。これによりユーザーの利便性が高まるだけでなく、運営者側は問い合わせや入電対応の工数削減ができます。また、顧客に対して商品購入後のフォローアップを行う意味でも有効です。

インタラクティブなコンテンツ

　自動応答機能やリッチメッセージ機能を組み合わせることで、診断テストを実装することも可能です。ユーザーの悩みや日頃の生活などに対するヒアリングを行いながら、その回答内容によって次の設問へ分岐させるフローチャートを作ることで、最終的にユーザーに適したコンテンツの案内や商品のオファー誘導まで行うことができます。

　また、設問に対してユーザーがタップした選択肢の情報は、全て取得し管理画面内で管理することが可能です。これにより各ユーザーの性別や興味関心などの情報を取得できます。

顧客管理の最適化とパーソナライズ

SECTION
03
LINE公式アカウントと機能拡張ツールを連携すると、管理画面内で顧客管理を行うことができるようになり、それに伴ってパーソナライズマーケティングが可能になります。

タグ付け（ラベル付与）機能

男性　　　来店履歴あり

40代　　　美容に興味

東京在住　　　Instagram経由

　「タグ」とは、ユーザー個人に紐付ける付箋やラベルのようなものです。

　LINE公式アカウントの基本機能でもユーザーにタグをつけることができますが、LINE公式アカウントの場合は、ユーザー本人から直接情報を聞き出さない限り、ユーザーの情報を知ることはできず、タグ付けも全て手動で行う必要があるため、現実的に考えると運用の中でタグを活用する難易度は高いと言えます。

　一方で、機能拡張ツールを活用した場合、

● 性別

- 年代
- 興味関心
- 趣味嗜好
- 行動履歴
- クリックの有無
- 購入・来店歴の有無
- 友だち追加時の流入経路

これらをはじめとした様々な情報を簡単に取得することができるうえ、その情報をタグとしてユーザー個々に自動付与することができます。

ユーザーにタグを付与しておくことによって、例えば、

- 「男性」タグが付いているユーザーにだけ、男性用リッチメニューを表示させる
- 「来店あり」タグが付いている人にだけ、先行セールの案内を配信する
- 「ダイエットに興味」タグが付いているユーザーにだけ、ダイエットサプリを紹介する
- 「アンケート回答済み」タグが付いている人にだけ、プレゼントを配布する
- 「動画視聴済み」タグが付いていない人にだけ、動画視聴リマインドのメッセージを送る

このように、様々な施策が実施できるようになります。

ユーザー個々の属性や興味関心に合わせて最適なマーケティングを行う「パーソナライズマーケティング」は現代のビジネスにおいて必

須とも言える手法ですが、LINE公式アカウント運用における「タグ付け」は、そのすべての起点となり得る重要なポイントになります。

なお、「タグ」を付ける方法としては、

- アンケートや診断テスト
- 流入経路別友だち追加URL・QRコード
- URLやバナーのタップ

などが主な方法となります。

フォーム機能の活用

フォーム機能では、アンケートフォームをLINE内で作成することができます。作成したフォームは、メッセージ配信やチャットで送信するほか、リッチメニューからリンクさせることも可能です。

ユーザーからアンケート回答を得ることによって、

- 名前
- メールアドレス
- 電話番号
- 性別
- 年齢
- 生年月日
- 郵便番号
- 住所

アンケート

簡単なアンケートにお答えください。

お名前　＊

メールアドレス　＊

電話番号　＊

性別
　男性
　女性
　答えない

年代
　20代以下
　30代
　40代
　50代以上

アンケートに答える

などの顧客情報を取得することができ、タグとして付与できます。また、フォーム機能はアンケート以外にも、

- イベントやセミナーの申し込みフォームとして
- 来店予約や無料体験予約の申し込みフォームとして
- 本人確認や会員登録フォームとして
- お問い合わせや要望フォームとして
- LP（ライディングページ）やブログ記事の代用として

このように、活用方法は多岐に渡ります。

単にフォームを作成するだけであれば他に代用できるツールは多数ありますが、機能拡張ツールで作成したフォームは、回答内容が全てLINE公式アカウントの友だち情報と紐付けができるという点が、最大の強みと言えます。

顧客情報の一元管理

LINE公式アカウントには顧客情報を管理・保存する機能は備わっていませんが、機能拡張ツールを導入することで、友だちと紐付けられた顧客情報（個人情報やタグなど）をツール内で保管・管理することができます。

導入する機能拡張ツールの種類によっては、顧客情報をCSVファイルなどでダウンロードすることもできるため、顧客に対してLINEでのアプローチ以外にメールや電話、DMなどを使ったアプローチを行うことも可能になります。

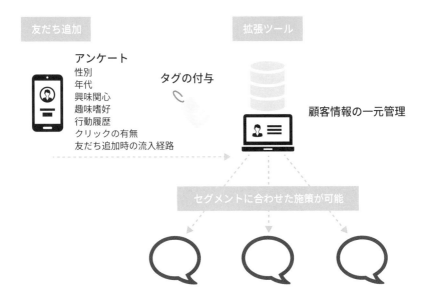

　また、各業界に特化した機能拡張ツールを導入した場合、

POSレジや予約システム、電子カルテなどとLINE公式アカウントを連携することができ、購入履歴や予約履歴と連動した施策実施が可能

既存カートシステムとLINE公式アカウントを連携することができ、カート内顧客情報の全てと連動した施策実施が可能（購入商品・注文履歴・顧客ランクなどでセグメント可）

　このように、顧客管理と並行して綿密なマーケティング戦略が実現できるようになります。

リピート促進や
フォローアップ自動化

機能拡張ツールでは、顧客管理やセグメント以外にも便利な機能が備わっており、CRM（リピート促進やフォローアップ）も自動化することが可能です。

予約・リマインド機能の活用

　機能拡張ツールの多くには、美容室やクリニックなどでよく利用されている「カレンダー予約」の機能が実装されています。

　カレンダー予約機能では、予約や予約変更を受け付けられることはもちろん、予約日当日まで自動でリマインド配信を送ることも可能であるため、管理者側は予約対応に関する業務の工数を一気に削減することが可能です。

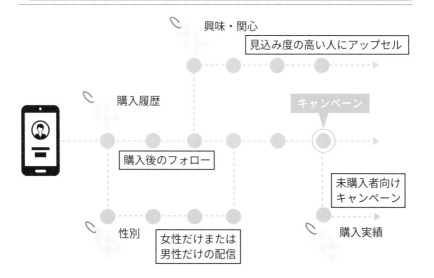

　LINE公式アカウントにはステップ配信機能が備わっていますが、機能拡張ツールを導入することでステップ配信のカスタマイズ性が大幅に向上します。

　LINE公式アカウントではオーディエンスで配信内容を分岐させることも可能ですが、分岐のために利用できる情報は限られています。
　一方で、機能拡張ツールで実装できるステップ配信は、他のさまざまな機能と組み合わせることで、自由度の高い仕組みを構築できることが特徴です。

　ステップ配信の開始や分岐のトリガー（発動条件）となるセグメントは、

- 流入経路（友だち追加された媒体）
- タグ（アンケートで取得できる内容全て）

- アクション履歴（クリックや動画視聴、予約の有無）
- 購入履歴（商品やコース別）
- 来店・参加履歴（来店やイベントの参加有無）

このように多岐に渡り、例えば、

- SNSから友だち追加したユーザーに初回来店誘導のシナリオを流す
- 商品購入者に対してフォローアップやクロスセルオファーのシナリオを流す
- LP（ランディングページ）から友だち追加したユーザーに商品オファーのシナリオを流す

といったオーソドックスなステップ配信はもちろんのこと、

- シナリオの途中で属性や興味関心別でステップ配信を分岐させる
- シナリオの途中でキャンペーン未購入者だけシナリオを分岐させ、ダウンセルの提案をする
- シナリオの途中で商品を購入した人だけ次回以降のオファー配信をスキップする

など、ステップ配信のシナリオを分岐させることも可能です。

　このように複数の機能を組み合わせながらステップ配信のシナリオを並行して用意しておくことで、オファーやCRMの仕組みを自動化することができ、日々の配信を行わずとも売上やリピートを向上させることが可能になります。

　LINE公式アカウントの基礎知識から、実践的な運用テクニックまでを一通り学んでいただけたかと思います。

　本書では、私がこれまでの経験から得た、LINE公式アカウントを活用するためのエッセンスを凝縮してお伝えしました。単なる機能の解説にとどまらず、マーケティングの基本的な考え方から、運用計画の立て方、実際の運用方法、データ分析と改善のポイントまで、網羅的に説明したつもりです。特に、「目的に合わせた活用方法」「友だち集めと配信のコツ」「データ分析と改善の重要性」などは、LINE公式アカウントを運用する上で欠かせない要素です。

　これらのポイントを押さえることで、ただやみくもに運用するのではなく、戦略的にLINE公式アカウントを活用し、ビジネスの成果につなげていくことができるでしょう。

　また、本書では、私が実際に支援してきたクライアントの事例もいくつか紹介しました。業種や規模は異なれど、クライアントに共通しているのは、LINE公式アカウントを効果的に活用することで、売上アップやリピート率の向上、顧客とのエンゲージメント強化など、目的を達成できているという点です。

　さて、私自身、本書の執筆を通じて、改めてLINE公式アカウントのポテンシャルの高さを実感することができました。適切な戦略と運用によって、ビジネスの課題解決や目標達成に大きく貢献できるツールであることは間違いありません。

　しかし同時に、その効果を最大限に引き出すためには、正しい知識と地道な実践の積み重ねが不可欠であるとも痛感しました。LINE公式アカウントに取り組む全ての方々に、本書がその一助となれば幸いです。ぜひ、これらの事例を参考にしながら、自社や自身のビジネスにあった活用方法を見いだしていただければと思います。とはいえ、いくら本書を読んで理解したつもりでも、実際に運用してみないと本当の意味で身についたとは言えません。

ですので、ここからが本当のスタートだと考えてください。まずは、本書で学んだ知識を実践に移すことから始めましょう。最初のうちは、うまくいかないこともあるかもしれません。それでも、諦めずに続けることが大切です。仮説を立て、実行し、データを分析して、改善策を打つ。このサイクルを繰り返すことで、徐々にLINE公式アカウントの運用力が高まっていきます。

　また、LINE公式アカウントに関する最新情報をキャッチアップし続けることも忘れてはいけません。機能のアップデートや新施策のリリースなど、常に変化し続けるWEBの世界。そうした変化に柔軟に対応していくことが、成果を上げ続けるコツと言えるでしょう。私自身も、日々学び続けることを忘れず、クライアント様のLINE公式アカウント活用を支援していく所存です。

　最後になりましたが、本書の出版にあたり、多くの方々にお世話になりました。

　全体のディレクションを担当してくださった山田稔さん、編集を手がけてくださった長友姫世さん、本書出版のキッカケをくださった椎名聰さん、原稿作成を補助してくれた今西宣子さん、掲載事例のデザインを担当してくれた大林勝樹さん、そして事例の公開を快諾してくださったクライアントの皆様。

　この場を借りて、心より感謝の意を表したいと思います。皆様のご支援なくしては、本書の完成はあり得ませんでした。本当にありがとうございました。

　そして、本書を手に取っていただいたあなたと、いつかどこかで、つながることができれば嬉しく思います。ビジネスでのご縁がありましたら、ぜひお声がけいただければと思います。

　それでは、あなたのLINE公式アカウント運用が、実り多きものとなりますように。

　末筆ながら、あなたのご健勝とご活躍を心よりお祈り申し上げます。

株式会社CREA STYLE

代表取締役　丹羽智則

著者紹介

丹羽 智則（にわ とものり）

企業や店舗を対象にWEBマーケティングのコンサルティングや運用支援を行う株式会社 CREA STYLE（クレアスタイル）を経営。個人経営規模から上場企業まで幅広いクライアントを持ち、創業以来10年間で700件以上のWEBマーケティング支援を行ってきた。LINE公式アカウントやメールを活用したCRMマーケティングを専門としており、有名企業や国際的施設のマーケティング戦略立案や運用、担当者育成も担う。

編集協力●長友姫世、山田稔

PDCAを回して結果を出す！
LINE公式アカウント集客・運用マニュアル

2024年5月23日　初版第一刷発行

著　者　　丹羽 智則
発行者　　宮下 晴樹
発　行　　つた書房株式会社
　　　　　〒101-0025　東京都千代田区神田佐久間町3-21-5　ヒガシカンダビル3F
　　　　　TEL. 03（6868）4254
発　売　　株式会社三省堂書店/創英社
　　　　　〒101-0051　東京都千代田区神田神保町1-1
　　　　　TEL. 03（3291）2295
印刷／製本　シナノ印刷株式会社